一个真实的
创新中国

吕红波◎著

航空工业出版社

内容提要

"创新、协调、绿色、开放、共享"五大发展理念,将是我国在"十三五"期间,乃至更长时期内的发展思路、方向和着力点。其中,"创新"摆在第一位,包括科技、人才、文艺、军事等方面的创新,以及在理论、制度、实践上如何创新。

本书从创新的意义、创新驱动发展、科技创新、人才创新以及其他领域的创新等方面,系统阐述了创新发展思想,从中我们可以看到一个真实的"创新中国"。

本书适合广大党员干部阅读。

图书在版编目(CIP)数据

一个真实的创新中国 / 吕红波著. -- 北京:航空工业出版社,2018.1(2018.8 重印)
ISBN 978-7-5165-1407-8

Ⅰ. ①一… Ⅱ. ①吕… Ⅲ. ①技术革新—研究—中国 Ⅳ. ①F124.3

中国版本图书馆 CIP 数据核字(2017)第 294849 号

一个真实的创新中国
Yige Zhenshi De Chuangxin Zhongguo

航空工业出版社出版发行
(北京市朝阳区北苑 2 号院 100012)
发行部电话:010-84934379　010-84936343

北京温林源印刷有限公司	全国各地新华书店经销
2018 年 1 月第 1 版	2018 年 8 月第 2 次印刷
开本:710×1000　1/16	印张:16　字数:200 千字
印数:10001—15000	定价:48.00 元

(凡购买本社图书,如有印装质量问题,可与发行部联系调换)

序

惟创新者进，惟创新者强，惟创新者胜。

党的十八大以来，中国特色社会主义进入新时代。以习近平同志为核心的党中央综合分析国内外大势，总揽改革发展全局，科学把握我国发展的阶段特征和基本规律，把创新摆在国家发展全局的核心位置，作出实施创新驱动发展战略的重大部署，推进以科技创新为核心的全面创新，体现了我们党统揽全局抓关键、与时俱进促发展的广阔视野。2017年10月18日，习近平总书记在中国共产党第十九次全国代表大会上的报告中强调，全党同志一定要登高望远、居安思危，勇于变革、勇于创新，永不僵化、永不停滞，团结带领全国各族人民决胜全面建成小康社会，奋力夺取新时代中国特色社会主义伟大胜利。

科技是国家强盛之基，创新是民族进步之魂。中华民族有着5000年悠久灿烂的文明，是富有创新精神的民族，在人类发展史上为世界贡献了无数科技创新成果，对世界文明进步产生了深远影响，作出过巨大贡献，也曾长期居于世界强国之列。近代以来，由于闭关自守、抱残守缺，中华民族在科技革命和现代化的大潮中渐行渐远，成为西方列强奴役压迫的对象。新中国的建立标志着中华民族落后挨打的时代已经一去不复返了。在中国共产党的正确领导下，中国人民重整行装、奋起直追，找到了实现中华民族伟大复兴的正确道路，掌握了自己的命运。当前，全党全国各族人民正在为决胜全面建成小康社会、奋力夺取新时代中国特色社会主义伟大胜利而努力奋斗。然而，"我国创新能力不强，科技发展水平总体不高，科技对经济社会发展的支撑能力不足，科技对经济增长的贡献率远低于发达国家水平，这是我国这个经济大个头的'阿喀琉斯之踵'"①。我们比以往任何时候都更加需要强大的科技创新力量。

在已经过去的20世纪，知识不断创新、科技突飞猛进，极大地改变了世界的经济版图，使得整个世界格局发生了深刻的变化。在我们身处的21世纪，科技创新将进一步成为经济和社会发展的主导力量，将对综合国力的提高、对世界的发展和人类文明的进步产生更加巨大而深刻的影响。世界经济论坛主席施瓦布认为，传统意义上"发达国家"和"发展中国家"的划分已然失效，将会被"富有创新力"和"缺乏创新力"的划分方式所取代。面对科技革命和产业革命蓬勃兴起的大潮，美国、日本、德国、英国等发达经济体在努力巩固和强化创新领导地位，一些新兴经济体也在加快向创新发展阶段迈进，世界主要国家都在寻找科技创新的突破口，纷纷制定国家创新战略，积极抢占未来竞争制高点。历史的教训启示我们，在这场科技创新的大赛场上，中国不能落伍，必须迎头赶上、奋起直追、力争超越。否则，我们就可能再次与历史机遇失之交臂，甚至可能付出更大代价。

改革开放以来，我国总体上走的是一条粗放型发展的路子，依靠"人

---

① 习近平：《在党的十八届五中全会第二次全体会议上的讲话（节选）》（2015年10月29日），载《求是》2016年第1期。

口红利"和大量消耗能源资源，创造了世界经济增长史上的奇迹，成长为世界第二大经济体。但随着时间的推移，传统上以要素驱动、投资规模驱动为主的发展模式已不可持续、难以为继，出现了动力不足、质量不高、效益不好等问题，加快向以创新驱动发展为主转变势在必行、迫在眉睫。洞悉国际国内发展形势，党的十八大作出了实施创新驱动发展战略的重大部署，强调科技创新是提高社会生产力和综合国力的战略支撑，必须摆在国家发展全局的核心位置。以习近平同志为核心的党中央清醒地认识到，我国经济发展要突破瓶颈、解决制约发展的深层次矛盾问题，除了依靠科技创新别无他路，必须加快转变发展方式，及早转入创新驱动发展轨道，把发展基点放在创新上，发挥创新对拉动发展的乘数效应，着力提高发展的质量和效益。

着眼推动中国经济社会转型发展，党的十八届五中全会立足新起点、瞄准新目标、着眼新要求，提出了创新、协调、绿色、开放、共享的五大发展理念，并把创新放在五大发展理念之首，强调要不断推进理论创新、制度创新、科技创新、文化创新等各方面创新，让创新贯穿党和国家一切工作，让创新在全社会蔚然成风。这是马克思主义关于发展的理论在中国的最新探索，是"科学技术是第一生产力"重要思想的创造性发展，也是党中央全面分析国际国内形势、立足我国发展全局作出的重大战略抉择，表明我们党对创新的认识、发展的认识达到了历史的新高度。

抓创新就是抓发展，谋创新就是谋未来。创新是国运所系、形势所迫、大势所趋，不创新就要落后，创新慢了也要落后。创新作为引领发展的第一动力和建设现代化经济体系的战略支撑，决定发展的速度、规模、结构、质量和效益。在经济发展新常态下，只有坚持创新发展，才能为经济社会发展提供新动力，实现我国经济由大到强的历史性转变。依靠创新驱动发展符合我国发展的历史逻辑和现实逻辑，亟须坚持把科技作为第一生产力、把人才作为第一资源、把创新作为第一动力，加快形成以创新为主要引领和支撑的经济体系和发展模式。

在创新驱动的竞赛中，中国正在跑出加速度。十八大以来的五年，创新驱动发展战略大力实施，创新型国家建设成果丰硕，天宫、蛟龙、天眼、悟空、墨子、大飞机等重大科技成果相继问世。我国整体科技发展水平大幅提升，已位居发展中国家前列，一些重要领域跻身世界先进行列，某些领域正由"跟跑者"向"并行者""领跑者"转变，培养了一支宏大的科技工作者队伍，科技投入力度不断加大，我国进入了新型工业化、信息化、城镇化、农业现代化同步发展、并联发展、叠加发展的关键时期，给自主创新带来了广阔发展空间、提供了前所未有的强劲动力。

自力更生是中华民族自立于世界民族之林的奋斗基点，自主创新是我们攀登世界科技高峰的必由之路。习近平总书记强调："实施创新驱动发展战略，最根本的是要增强自主创新能力，最紧迫的是要破除体制机制障碍，最大限度解放和激发科技作为第一生产力所蕴藏的巨大潜能。面向未来，增强自主创新能力，最重要的就是要坚定不移走中国特色自主创新道路，坚持自主创新、重点跨越、支撑发展、引领未来的方针，加快创新型国家建设步伐。"[①] 新形势要求我们必须把创

---

① 习近平：《在中国科学院第十七次院士大会、中国工程院第十二次院士大会上的讲话》（2014年6月9日），载《人民日报》2014年6月10日。

新驱动发展战略更好落实下去，以关键环节、重大领域的突破带动科技创新能力的全面提升，加强国家创新体系建设，强化战略科技力量，为我国未来发展创造一个新的增长周期，走出一条从人才强、科技强到产业强、经济强、国家强的发展新路。

实施创新驱动发展战略，走中国特色自主创新道路，建设世界科技强国、质量强国、航天强国、网络强国、交通强国、数字中国、智慧社会，既要树立强烈的创新自信，又要采取坚实有力的举措。要紧扣世界科技革命和产业革命发展大势，加强对未来可能产生重大变革影响的关键共性技术、前沿引领技术、现代工程技术、颠覆性技术的研判，坚持有所为有所不为，明确我国科技创新主攻方向和突破口，力争在一些重要领域实现"弯道超车"，赢得主动，占领先机。要加强科技体制改革顶层设计、系统谋划和整体推进，加快科技体制改革步伐，破除一切束缚创新活力的体制机制障碍，让机构、人才、装置、资金、项目都充分活跃起来，使科技创新的巨大潜力得到充分释放，形成推进科技创新发展的强大合力。要同步实施科教兴国战略、人才强国战略，把人才工作放在党和国家事业发展大局中谋划，大力集聚创新人才，择天下英才而用之，促使人才规模、质量和结构与我国创新发展相适应相协调。要加快推进军民融合创新体系建设，在军和民两大创新体系之间建立一个双向开放系统，统筹多个主体，整合各类要素，开展军民协同创新，形成以富国强军为战略指向的国家一体化创新体系。要扩大科技开放，全方位加强国际合作，坚持引进来和走出去相结合，通过积极融入全球创新网络、继续推进政府间科技合作、做好周边外交和对外科技援助，全面提高我国科技创新的国际合作水平。

"行百里者半九十。中华民族伟大复兴，绝不是轻轻松松、敲锣打鼓就能实现的，我国越发展壮大，遇到的阻力和压力就会越大。"面对推进科技创新的重要历史机遇，机不可失，时不再来，必须紧紧抓住。面向未来，创新是动力之源，科技是重要支撑。我们要紧密团结在以习近平同志为核心的党中央周围，坚持以新发展理念为指导，自觉把创新精神贯穿到党和国家事业的全过程，融入治国理政各环节，努力在统筹推进"五位一体"总体布局和协调推进"四个全面"战略布局中加强对创新的思考和谋划，更好地推动以科技创新为核心的全面创新，谱写实现中华民族伟大复兴中国梦的新篇章。

目 录

第一章
创新是引领发展的第一动力

第一节　创新是民族进步的灵魂……………………………………001
第二节　创新是国家兴旺发达的不竭动力……………………………012
第三节　惟创新者进，惟创新者强，惟创新者胜……………………021

第二章
把创新摆在国家发展全局的核心位置

第一节　推进以科技创新为核心的全面创新…………………………031
第二节　让创新贯穿党和国家一切工作………………………………043
第三节　让创新在全社会蔚然成风……………………………………051
第四节　在全面深化改革中加快各领域创新…………………………059

第三章 >>>
牢固树立创新发展理念

第一节　创新发展注重的是解决发展动力问题……067
第二节　抓创新就是抓发展，谋创新就是谋未来……075
第三节　必须把发展基点放在创新上……085

第四章 >>>
着力实施创新驱动发展战略

第一节　实施创新驱动发展战略决定着中华民族前途命运……098
第二节　在创新驱动发展轨道上实现我国现代化……109
第三节　把科技创新潜力更好释放出来……121

第五章 >>>
坚定不移走中国特色自主创新道路

第一节　自主创新是我们攀登世界科技高峰的必由之路……131
第二节　加快创新型国家建设步伐……142
第三节　增强自主创新能力……151

第六章 >>>
健全军民融合创新机制

第一节 加快建立军民融合创新体系·················162
第二节 培育先行先试的创新示范载体···············171
第三节 拓展军民融合发展新空间···················180

第七章 >>>
人才是支撑发展的第一资源

第一节 人是科技创新最关键的因素·················191
第二节 创新的事业呼唤创新的人才·················199
第三节 培育符合创新发展要求的人才队伍···········208

第八章 >>>
依靠改革加快释放创新活力

第一节 破除体制机制障碍·························219
第二节 营造有利于创新的政策环境和制度环境·······229
第三节 完善科技评价体系·························236

后 记···243

第一章
创新是引领发展的第一动力

习近平总书记在党的十九大报告中强调指出:"创新是引领发展的第一动力,是建设现代化经济体系的战略支撑。"通观人类社会发展史和中华民族发展史,创新始终是推动发展的重要力量。一个国家要走在世界发展前列,根本靠创新;一个民族要屹立于世界民族之林,根本在创新。特别是在当今时代,创新的地位和作用越发重要而关键,创新兴则国家兴,创新强则国家强,创新久则国家持续强盛。正如习近平总书记所强调的:"创新是一个民族进步的灵魂,是一个国家兴旺发达的不竭动力,也是中华民族最深沉的民族禀赋。在激烈的国际竞争中,惟创新者进,惟创新者强,惟创新者胜。"①

第一节 创新是民族进步的灵魂

在漫长的历史长河中,人类创造了丰富多彩的文明成果,而不论是

---

① 习近平:《在欧美同学会成立一百周年庆祝大会上的讲话》(2013年10月21日),载《人民日报》2013年10月22日。

物质文明的成果,还是精神文明的成果,抑或是制度文明的成果,归根结底都是创新思维的胜利成果,都是创新智慧的凝结。那些在人类发展史上曾经各领风骚数百年的民族和国家,无一例外都对人类文明作出过巨大创新。

创新具有重要的社会意义与价值功能,从微观层面上看,创新是个人和团体发展的根本;从宏观层面上看,创新则是民族和国家发展的根本。回望人类文明的发展进程,习近平总书记深刻指出:"科技是国家强盛之基,创新是民族进步之魂。"① 强调"创新是民族进步之魂",从根本上说,是把生产力视为社会发展根本动力这一唯物史观的深入阐发与时代表述。

一、创新是使一个民族保持旺盛生命力的源泉

创新是民族进步之魂,是说在影响民族进步的各种因素中,创新是决定性的因素,起着核心的作用。

其一,创新表现在人类活动的各个领域,其中生产领域的创新,即生产力的变革最为基本与重要。在马克思主义看来,生产力的变革是社会进步的根本原因,推动着人类社会由低级向高级的不断进步。在生产不断创新的推动下,生产力得以持续发展,与之相适应,生产关系逐步更新与完善,从而在生产力的创新推动下实现了社会各个领域的进步。在此意义上,创新是民族进步之魂,与生产力是社会发展的

---

① 习近平:《在中国科学院第十七次院士大会、中国工程院第十二次院士大会上的讲话》(2014年6月9日),载《人民日报》2014年6月10日。

根本动力是一致的。即是说，生产力本身是革命的、创造的因素，生产力当中包含着创新的机制。强调创新就是突出生产力的变革性质与革命意义，创新就意味着社会的全面进步。

其二，创新是社会发展的主要力量。在人与社会追求不断发展的过程中，人与社会也不断提出新的需要，这种需要只能通过创新创造出新的事物才能得以满足。创新使世界愈来愈丰富多样，使人的发展和社会进步的基础愈来愈雄厚。从人类社会的自身发展看，它依靠生产和再生产的重复与循环，依靠生产的量的增长与积累。而比较重复性生产与创造性生产的差异，比较生产力量的增加与质的飞跃的作用，不难看出，创新在历史发展中所起的作用更大，创新是社会变革的主要力量。创新变化着原有的活动与生产方式，创造出更高的活动与生产效率；创新改变了资源的组合方式与投入方向，创造出资源的新的价值；创新生产出新的产品或服务，提供了新的消费对象或方式。

其三，创新是走向现代化的推进器。世界上每一个民族的进步，都处于传统与创新的此消彼长之中。一方面，任何民族都有自己的传统，都要通过维系自己的传统来传承自己的民族特性，因而传统具有民族凝聚力；另一方面，不创新的民族就不能进步，只有创新才能使民族屹立于世界先进民族之林。虽然创新不是以消除传统为目的，但创新在客观上带来的生活方式、思想观念、行为准则的变化，则会逐渐地、部分地改变传统，或者说创新创造了一种新的传统。随着时代的发展变化，某些传统不可避免地会衰落或消失，在这样一种趋势和规律面前，只有锐意创新的民族才能与历史潮流同步，才能在时与势的变化中赶上现代化的潮流。

其四，创新加快了社会进步的步伐。稳定与变迁是社会发展的两种力量，社会需要稳定，稳定提供了秩序与和谐，稳定使社会以一种惯性而运行。社会也需要变迁，不仅包括社会生产方式的变迁，而且包括社会生活方式的变迁。变迁创造了新的社会状态、新的运动节律，变迁使社会跳跃式地发展。稳定与变迁相比较，稳定是相对的，变迁是绝对的。变迁创造了新的秩序与和谐，是在更高意义上的稳定力量。创新是变迁的起因，各个领域、不同形式的创新导致了变迁。创新以其巨大的能量推动着社会各个层面更快地变化着，创新以其快捷的速率驱动着社会发展。

二、创新是民族进步之魂，这是被人类历史的实践所证实的规律

从人类文明的发展来看，在由原始经济向农业经济过渡的历史过程中，那些率先使用铁制农具，变革了生产工具的民族，比起那些仍旧使用石制和铜制工具的民族，更早进入了农业文明；在由农业经济向工业经济过渡的历史过程中，那些率先使用机器设备，利用矿物能源的民族，比起那些仍旧使用手工工具，以人力、畜力为主要动力的民族，更早进入了工业文明；在由工业经济向知识经济过渡的历史过程中，那些率先普及了计算机及信息网络，以信息产业为经济支柱的民族，则率先进入了后工业文明。技术创新带动的产业创新，是使一个民族的经济呈现飞跃式发展的基础，也是不同文明形态更替的经济原因。

当今世界各国综合国力竞争的核心，已不是传统的经济实力或军事

第一章
创新是引领发展的第一动力

实力,而是知识创新、技术创新和高新技术产业化。综合国力竞争的核心,已经从军力转移到智力,从资本存量转移到知识存量,从生产能力转移到创新能力。创新对于增强综合国力有着至关重要的作用,创新是强国之本,发展之根。在和平与发展成为时代主题的背景下,各国都在加快自身的发展,但国家间经济增长速度却表现出明显差异,发达国家与发展中国家的国力差距仍有逐步增大的趋势。究其原因,主要是不同国家的科技水平、民族创新能力存在着较大差距。综合国力的竞争,集中地体现在教育的投入、人才的培养与争夺、新的科学发现和技术发明等方面,体现在无形资源的较量上。知识创新是保持综合国力优势的垄断能力,单单知识产权一项的收益就可以获得巨大利润,更不用说高科技武器造成的威慑作用。因此,创新是提高国际竞争地位的有效途径。对于发展中国家来说,面对世界科技飞速发展的挑战,增强民族创新能力不是可有可无,而是关系到了民族的兴衰存亡。知识创新具有极大的经济效应,采用知识创新作为企业与国家的经济增长战略,已然成为产业界与政府的共识与自觉,由此造成了经济增长的新的态势与模式。

更进一步地考察,创新对于民族、国家的进步不仅具有重大的经济意义,还具有重大的政治意义。一个民族在世界上的政治地位与其经济地位息息相关,经济上的强盛必定会转化为政治上的优势,国际事务上的"话语权"总是以民族经济实力为依托的。我们常说弱国无外交,就是指弱国在国际事务中不可能有重要的发言权,更难以参与国际间的重大事务,只能充当规则的执行者,而不是规则的制定者。落后就要挨打,就是指在霸权主义和强权政治仍然存在的时代里,少数

一个真实的创新中国

大国仍然会凭借其强大国力,恃强凌弱,粗暴干涉发展中国家的内政,侵犯这些国家的主权。要想不被欺凌,就必须有足够的经济实力,而创新是增强民族经济实力的基本途径,创新所创造的经济实力,会相应地提高民族的政治地位,从而增加该国在国际事务上的发言权,提高国际博弈、谈判、交易的资本或筹码。当然,创新的政治意义并不限于民族在国际上的政治地位,对于每个国家自身的巩固与繁荣,创新也有着重要的政治意义。对一个国家来说,爱国主义是重要的精神财富与资源,是凝聚民心、增强统一的纽带。创新可以使民族强盛,其所带动的民族振兴自然就成为增强爱国主义的最有效的教材。国家越巩固,越发达,民众的爱国主义激情也就越强烈与持久。

一个人不能没有灵魂,同样,一个民族、一个国家也不能没有自己的灵魂。在当代社会,科学技术的发展日新月异、一日千里,只有把创新作为民族进步的灵魂,才能使民族屹立于世界先进民族之林。

创新赋予民族以蓬勃的生机和活力。人类早期的自然经济社会是建立在传统基础上的,虽然也发生着创新,但那些创新是微小的、艰难的、缓慢的。人的生产与生活在狭小的范围内和孤立的地点上发展着,思想与行为的依据更多的是传统、惯例与经验,历史就像是简单的周而复始的循环。现代社会则是建立在创新基础上的,生产不断变革,一切社会状况不停地动荡,永远的不安定和变动,完全不同于过去一切时代,只有创新才能生存与发展。创新成长为经济与社会发展的主导力量,表明了社会已经实现了从传统社会到创新社会的转型。创新社会表现为创新的普遍性,创新并不局限于某个领域或某类产品,而是生产方式与交往方式、经济领域与社会领域的全面创新。全面创新产

第一章
创新是引领发展的第一动力

生了创新的连锁反应与快速反馈，创新也成为一种竞争，这就使社会发生着日新月异的变化，社会变革的时间尺度缩短，发展的节奏加快。在相同的时间间隔内，创新社会包容了比传统社会更多、更大的进步值。传统社会中创新更多的是一种自发的行为，而在当代社会创新已成为一种社会自觉。与传统社会相比较，创新使一个民族焕发出前所未有的朝气和生命力。

创新把民族的资源集中于经济建设上。对于古代社会，马克思曾指出，古代人把很大一部分剩余产品用于非生产性支出，用于艺术品，或是用于宗教的和公共的建筑。"他们的生产更难说是建立在解放和发展物质生产力（即分工、机器、将自然力和科学应用于私人生产）的基础上。"在古代人那里，"有富人的消费过度，这种消费过度，到罗马和希腊的末期就成为疯狂的浪费"[①]。而从历史上看，一个民族的资源没有主要用于新的投资、新的技术、新的发明、新的商机上，而是被投入到非生产性、非创造性的活动上，该民族的经济就会处于停滞或缓慢发展的状态。依靠暴力对其他民族进行财富的掠夺，也不能创造新的财富与价值。仅仅依靠政治革命，而不同时进行生产力、经济方面的革命，同样不能自然而然地出现经济腾飞。创新是对资源作出最有利于发展生产力的利用，也是对资源作出最有效率的配置。创新集中了一个民族的宝贵资源用于建设，这就相应地减少了资源的浪费性、破坏性使用。

创新充分开发了民族的创造力。任何一个民族都有自己的可用于创

---

① 《马克思恩格斯全集》第26卷，人民出版社1972年版，第603页。

一个真实的创新中国

新的资源，都有自己的潜在创造力，但这种资源的创造力如果没有开发出来，就不能形成现实的创造力，只能是创新资源的闲置。创造力受阻碍与抑制，有着体制、观念等方面的原因。创新作为一种实践活动，就是在克服各种阻碍与抑制因素中实现的。即是说，创新的实践就是创造力由潜能变成现实，就是创造力的成功开发。对单个人来说，他的创造力没有开发出来，还不至于妨碍大局，而一个民族的创造力长期受到严重压抑，就会直接影响民族的前途命运。把创新提到民族进步之魂的高度来认识，就能够自觉主动地通过有效创新活动，极大地开发本民族蕴藏的巨大的创造力，创造出新的生产力，新的民族能力，新的国力。可以说，创新给民族注入了发展壮大的强劲动力。一个民族要在国际竞争中得到快速发展，始终立于不败之地，必须要有强大的动力。如果因循守旧，故步自封，求稳怕变，短期内可能看不出这种状态的危险，但长此以往必然将一个民族置于落后地位。因为缺乏创新就等于缺乏发展的强大动力。改革是解放和发展生产力的强大动力，创新也是解放和发展生产力的强大动力。在一定意义上说，改革就是创新，创新包含改革。创新使一个民族的生产力得到了飞跃的发展，使一个民族的资源得到了最有效率的利用，使一个民族的运行节奏加快，变化周期缩短。相比较而言，创新对于民族进步的推动作用，远远大于不创新条件下的发展。而数量多、质量高、频率快的创新态势对于民族进步的推动作用，也远远大于相反态势下的发展。

创新给民族提供了可持续发展的有效途径。当代世界，一个国家的经济增长主要取决于它的知识积累、技术进步和人力资本水平。知识特别是创新的知识成为经济增长的"内生变量"，它可以促进投资的良性循环,推动一个国家持续地保持较高的增长率。可持续发展要求经济增长方式实现从粗放型向集约型的转变,这就要依靠科技进步与制度创新才能达到;要求经济与文化、人与自然的协调发展,这就要依靠更大范围的社会创新才能达到;要求尽快发展信息技术、生物工程,这就要依靠高科技领域的不断创新才能达到;要求人的素质不断提高,这就要依靠知识的广泛传播才能达到。

创新强化了民族的进步精神。创新是民族精神的精华,也是民族进步的依托。哪个民族是富于创新精神的民族,这个民族必然是进步的民族;反之,哪个民族是进步的民族,也必然同时是不断创新的民族。民族精神是在长期的历史活动中积淀而成的,也是需要时时培育的。当创新成为一种社会自觉,社会就能运用各种措施,大力倡导与推动创新,培育催生创新的土壤,建立鼓励创新的机制,使民族的进步精神弘扬光大。在民族的进步实践中,民族的进步精神得以生成,坚持不懈地开展创新,就是强化民族之魂的最好方式。

三、中华民族是富有创新精神的民族

中国历史上有着具有世界先进水平的发明创造,这是不可否认的。习近平总书记指出,"中华民族是富有创新精神的民族。我们的先人们早就提出:'周虽旧邦,其命维新。''天行健,君子以自强不息。''苟日新,日日新,又日新。'可以说,创新精神是中华民族最鲜明的禀赋。在5000多年文明发展进程中,中华民族创造了高度发达的文明,我们的先人们发明了造纸术、火药、印刷术、指南针,在天文、算学、

一个真实的创新中国

医学、农学等多个领域创造了累累硕果，为世界贡献了无数科技创新成果，对世界文明进步影响深远、贡献巨大，也使我国长期居于世界强国之列"①。

其中的"苟日新，日日新，又日新"一语，出自儒家经典《礼记·大学》："汤之《盘铭》曰：'苟日新，日日新，又日新。'《康诰》曰：'作新民。'《诗》曰：'周虽旧邦，其命维新。'是故君子无所不用其极。"这是古人描绘君子追求梦想，不断完善自己要达到的最高境界。其意为"如果能够一天新，就应保持天天新，新了还要更新"。强调做人做事不可故步自封、墨守成规，是人们追求新事物鼎革新气象的崇高品德和人生境界。"苟日新"是一种勇气，如果可以，就要每日求新，就要勇于创新创造。《周易·系辞上》曰："富有之谓大业，日新之谓盛德。"即是说，拥有万物叫作伟大事业，不断更新就叫崇高品德。"日日新"是一种状态。程颢、程颐两兄弟的《二程集》中讲道："君子之学必日新，日新则日进也。不日新者必日退，未有不进而不退者。"讲的就是逆水行舟、不进则退的道理。"日日新"激励人们求新于当下，每日持积极进取之心。"又日新"是一种追求。一日复一日，日日何其多。此日非彼日，新了还要新。这就是不断学习，不断追求进步。

这句有名的格言，和后来西周周公平定东方叛乱后，由周成王发令将殷商遗民交给康叔管理的《康诰》里的"作新民"，即使商朝遗民改过自新，成为新民，以及《诗经·大雅·文王》中的"周虽旧邦，其命维新"，即周虽是一个古老的邦国，但文王能够顺应上天之所命

---

① 习近平：《在中国科学院第十七次院士大会、中国工程院第十二次院士大会上的讲话》（2014年6月9日），载《人民日报》2014年6月10日。

第一章
创新是引领发展的第一动力

革新进取,共同奠定了中华民族不断创新的文化基因。所以《大学》里讲,"君子无所不用其极",即对于创新、"日新""维新",君子无不用尽全力不断奋斗。抗日战争胜利后,西南联大各校北归前在昆明竖立了一个纪念碑。时任西南联大文学院院长的冯友兰先生起草了纪念碑碑文,碑文说:"盖并世列强,虽新而不古;希腊罗马,有古而无今。惟我国家,亘古亘今,亦新亦旧,斯所谓'周虽旧邦,其命维新'者也。"

中华民族是个古老而又年轻、充满朝气活力的民族。纵观历史,我们从来就不缺少创新精神。资料显示,16世纪以前世界上最重要的300项发明和发现中,我国占173项,远远超过同时代的欧洲。中华民族不仅以造纸术、印刷术、指南针、火药等伟大创造闻名于世,还以不断变革创新的实践耀眼于人类制度创新史,在政治改革上有"商鞅变法",在军事变革上有"胡服骑射",在官吏选拔制度上有"科举制",不一而足。许多学者研究表明:中国传统文化能勇敢地吸收外来文化,追求流行、时新,与此同时还能毫不犹豫地抛弃旧有的模式。因此,中华文明才成为世界古代文明中始终没有中断、连续5000多年发展至今的文明。中华民族在漫长历史发展中形成的独具特色的文化传统,深深影响了古代中国,也深深影响着当代中国。如今,中国人民在改革开放中表现出来的进取精神,在国家建设中焕发出来的创造热情,正是这种中华民族积极进取品格的生动写照。

放眼我们所处的时代,外部环境的变化与我们自身角色的蜕变一样迅猛而剧烈,世界多极化、经济全球化、社会信息化、文化多样化深入发展,如同浩浩荡荡的大潮,正在席卷联系日益紧密的"地球村"。

面对内外部环境的深刻变化，因循守旧没有出路，开拓创新才有未来。

第二节　创新是国家兴旺发达的不竭动力

没有创新就没有发展，就不会有昨天的辉煌成就，也不会有明天的美好愿景。习近平总书记指出，纵观人类发展历史，创新始终是一个国家、一个民族发展的重要力量，也始终是推动人类社会进步的重要力量。不创新不行，创新慢了也不行。如果我们不识变、不应变、不求变，就可能陷入战略被动，错失发展机遇，甚至错过整整一个时代。[①]

一、创新是我国改革开放取得成功的宝贵经验

无论是在理论方面，还是在实践方面，中国共产党都是高度重视创新的政党。党的十八大报告强调："要始终把改革创新精神贯彻到治国理政各个环节，坚持社会主义市场经济的改革方向，坚持对外开放的基本国策，不断推进理论创新、制度创新、科技创新、文化创新以及其他各方面创新，不断推进我国社会主义制度自我完善和发展。"[②] 在纪念邓小平同志诞辰110周年座谈会上的讲话中，习近平总书记还指出，开拓创新永远是中国共产党人应该具有的历史担当，"越是伟大的事业，

[①]《全国科技创新大会两院院士大会中国科协第九次全国代表大会在京召开》，载《人民日报》2016年5月31日。

[②]《十八大以来重要文献选编》（上），中央文献出版社2014年版，第11页。

第一章
创新是引领发展的第一动力

往往越是充满艰难险阻，越是需要开拓创新。"①中国特色社会主义进入新时代以来，以习近平同志为核心的党中央大力谋划创新、积极推动创新。习近平总书记提出，要"建立创新型的马克思主义执政党"；"把改革创新精神贯彻到治国理政各个环节"，"把理论创新、制度创新、科技创新、文化创新以及其他各方面创新有机衔接起来"；要"以全球视野谋划和推动创新"，坚定不移走中国特色自主创新道路，要"深入实施创新驱动发展战略"，建立创新型国家；要以改革释放创新活力，加快建立健全国家创新体系，让一切创新源泉充分涌流；要大力"培养创新型人才"，建立"创新团队"；要"建立健全鼓励原始创新、集成创新、引进消化吸收再创新的体制机制"；要"推动军事战略创新"，等等。这一系列重要讲话，阐明了创新的意义和作用，指明了创新的内容和方向，提出了创新的方式和方法，是新时代推进创新的重要战略思想。如今，创新发展渗透到经济社会、百姓生活的方方面面。一份来自麦肯锡全球研究院的研究报告写道："中国的创新规模不断扩大，有潜力坐上全球创新领导者的宝座，甚至有望成为全球创新典范。"

回顾近40年的改革历程，可以发现，改革与创新是相辅相成、互为支撑的。从实施家庭联产承包责任制到推进国有企业改革，从建立健全社会主义市场经济体制到深化文化体制改革，从加大社会体制改革到探索生态文明体制改革，都始终伴随着创新。经济社会各领域的创新，有力促进了中国特色社会主义事业的蓬勃发展。

当前，我国已处在全面建成小康社会决胜阶段、中国特色社会主

---

① 习近平：《在纪念邓小平同志诞辰110周年座谈会上的讲话》（2014年8月20日），载《人民日报》2014年8月21日。

义进入新时代的关键时期。着眼为决胜全面小康社会实现中国梦而奋斗，习近平总书记在党的十九大报告中强调："实践没有止境，理论创新也没有止境。世界每时每刻都在发生变化，中国也每时每刻都在发生变化，我们必须在理论上跟上时代，不断认识规律，不断推进理论创新、实践创新、制度创新、文化创新以及其他各方面创新。"

二、创新是决定国家和民族命运的战略抉择

从人类发展的历史进程看，人类文明发展史就是一部不断创新的历史。进入现代社会以来，世界经济中心数度转移，世界经济格局数次深度调整，其中科技中心一直是背后重要的影响变量。习近平总书记指出："16世纪以来，世界发生了多次科技革命，每一次都深刻影响了世界力量格局。从某种意义上说，科技实力决定着世界政治经济力量对比的变化，也决定着各国各民族的前途命运。"[①] 许多科技史学家认为，16世纪以来，世界科技共发生了5次革命，即近代物理学的诞生、蒸汽机和机械革命、电力和运输革命、相对论和量子论革命、电子和信息革命。受科技革命的影响，世界经济则发生了3次或4次产业革命，包括机械化、电气化、自动化和信息化革命等，也有学者把第三次和第四次产业革命合并称为第三次产业革命。一般地说，第五次科技革命和第三次产业革命的持续时间大致是1945年至2020年，它尚未结束。

研究近现代科技史可以发现，科技创新在哪里兴起，尖端人才就在

---

① 习近平：《在中国科学院第十七次院士大会、中国工程院第十二次院士大会上的讲话》（2014年6月9日），载《人民日报》2014年6月10日。

第一章
创新是引领发展的第一动力

哪里汇聚,发展动力就在哪里迸发,发展制高点和经济竞争力也就转向哪里,现代化高潮相应地就兴起在哪里。近500年来,一些欧美国家正是抓住了这些科技革命带来的重大历史机遇,依靠科学技术、生产方式、经济体制、文化制度等各个方面的创新,一跃成为世界强国。而同样是在这一过程中,一些经济文化落后的国家,由于长期因循守旧、裹足不前,未能进行有效的变革创新,从而错失了科技革命带来的良机,最终沦为末流国家。近50年以来,有少数经济文化落后的国家从低收入水平成功迈向高收入水平,跨越"中等收入陷阱",实现了从传统社会向现代社会的升级转变。这当中一条重要的经验,就是紧紧依靠科技创新打造竞争新优势,从而提升自身的综合国力和国际地位。

从世界历史看,大国崛起呈现"科技强国—经济强国—政治强国"的历史规律。如果单靠经济规模或疆土领地的扩张,而没有强大的科技创新作为支撑,一个国家是无法成为强国的。比如,在大航海时代,葡萄牙、西班牙和荷兰相继掌握先进航海技术,经由地理大发现开辟了美洲航线、南亚航线和非洲航线,大量征服殖民地,成为16、17世纪的世界强国。但此后,由于这些国家未能依靠科技创新建立制造业主导的经济结构,在短暂的辉煌后即被其他国家超越。与之相对,在不同历史时期,也有一些国家抓住科技革命的重大机遇,实现迅速崛起,改写了当时的经济版图和世界格局。比如,英国在第一次科技革命后,依靠完整的科技体系和持续的创新能力,成为世界上第一个工业国家;德国在以内燃机和电气化为代表的第二次科技革命后,一跃崛起为欧洲工业强国;美国抓住以电子信息等为代表的第三次科技革命机遇,一举成为世界头号强国;日本、韩国、新加坡等依靠科技创新,成功地实现赶超而成为发达经济体。

近代以来,我国陷入积贫积弱、落后挨打的困境,很重要的一点就是在科技创新上停滞不前。对此,习近平总书记深刻指出:"明代以后,由于封建统治者闭关锁国、夜郎自大,中国同世界科技发展潮流渐行渐远,屡次错失富民强国的历史机遇。鸦片战争之后,中国更是一次次被经济总量、人口规模、领土幅员远远不如自己的国家打败。历史告诉我们一个真理:一个国家是否强大不能单就经济总量大小而定,一个民族是否强盛也不能单凭人口规模、领土幅员多寡而定。近代史上,我国落后挨打的根子之一就是科技落后。"[1]第一次世界科技革命发生时,我国正处于"康乾盛世",GDP约占全世界的1/2,但是封建统治者闭关锁国,无视现代科技的发展。第二次世界科技革命发生时,鸦片战争爆发,清政府被迫与帝国主义列强签订不平等条约,我国开始沦为半殖民地半封建国家。第三次世界科技革命发生时,新中国刚成立不久,我国是一穷二白、百废待兴,科教基础薄弱,我们通过集中力量实现重点突破,取得了"两弹一星"、结晶牛胰岛素等重大科技成就。当前,我们即将迎来新一轮科技革命和产业变革,如果抓不住稍纵即逝的机遇,就有可能重蹈历史覆辙。

三、创新是实现党和人民奋斗目标的本质要求

创新的本质,实际上就是以新开发和新突破实现新变革与新发展。

---

[1] 习近平:《在中国科学院第十七次院士大会、中国工程院第十二次院士大会上的讲话》(2014年6月9日),载《人民日报》2014年6月10日。

第一章
创新是引领发展的第一动力

具体说来，创新的实现有两个层面的含义：一是首创性，也就是做前人从来没有想过和做过的事。这样的创新就像是在白纸上画第一幅画，写第一个字，想的和做的完全是一种开拓性创造，也就是鲁迅所赞扬过的那种第一个试吃螃蟹的人，这种胆略、智慧、精神和勇气皆极其可嘉。因为这样的创新既孕育着巨大的成功，同时也意味着大胆的探求。二是此前虽然有人想过了、做过了，但不完善、不健全，还存在有对之加以改进和提升的巨大空间。创新在这里的任务和作用，就是要求全臻优、提升发展，使事物在原有基础上进档升级，更趋合理与精当。

在社会实践中，不论创新属于哪一种类型，其精神和效能都是可敬可佩的。因为创新的本质永远都是开拓、进取、变革、提升，而这又恰恰是社会进步和经济发展的原动力。这种原动力不仅孕育于创新之中，而且也最能赋予创新活动以永恒的实践效应与不竭的进取力量。当前，我们要决胜全面建成小康社会，夺取新时代中国特色社会主义伟大胜利，为实现中华民族伟大复兴的中国梦不懈奋斗，最需要的就是这种创新精神与创新能力。事实上，也只有持续不断地创新，才能培育和激发出饱满的改革热情与强大的进取力量，才能使我们的改革发展始终具有一种坚韧的内驱力和不竭的永续性。

这是历史的必然，更是现实的需要。马克思曾经说过："发展着自己的物质生产和物质交往的人们，在改变自己的这个现实的同时也改变着自己的思维和思维的产物。不是意识决定生活，而是生活决定意识。"[①] 今天，当我们面对新世界、新生活、新潮流、新任务、新目标、

---

① 《马克思恩格斯选集》第 1 卷，人民出版社 1995 年版，第 73 页。

一个真实的创新中国

新常态,并需要对之加以精准而有力的驾驭和把控时,其最有效有力的方式之一就是创新。习近平总书记提出的"四个全面"战略布局和五大发展理念,正是以创新作为其根基与灵魂的。它在体现和凸显习近平新时代中国特色社会主义思想的同时,更使创新精神和创新理念通过在改革实践中的高度融会而全方位地转换为改革的动力与发展的势能,这既抓住了事物发展变化的根本规律,又契合了决胜全面建成小康社会和夺取新时代中国特色社会主义伟大胜利的迫切需求,并及时而精准地为全面贯彻党的基本理论、基本路线、基本方向进行了战略擘画,提供了精神引擎,注入了思想酵素。习近平总书记明确要求,必须扎扎实实地把创新落在实处,使之产生实效,铸成实绩。而"要想有建树、有成就,"则必须"脚踏着祖国大地,胸怀着人民期盼,找准专业优势和社会发展的结合点,找准先进知识和我国实际的结合点,真正使创新创造落地生根、开花结果"①。

创新不仅是习近平新时代中国特色社会主义思想的一个支点和亮点,而且更为其提供了引擎,夯实了基座,构筑了灵魂。用创新引领和擘画治国理政的大思路、大格局、大方略,必然和必定会是全面胜出、满盘皆赢。对于我国来说,我们已进入以速度变化、结构优化、动力转换为特征的经济发展新常态。此情况下,以往那种主要依靠大规模要素投入驱动经济发展的固有模式便出现了动力不足、质量不高、效益不好和不可持续的弊端,乃至经济发展大而不强、快而不优的现象仍然十分突出。为了解决这个问题,就必须增强创新意识,激扬创

---

① 习近平:《在欧美同学会成立一百周年庆祝大会上的讲话》(2013年10月21日),载《人民日报》2013年10月22日。

新精神,提升创新规制,优化创新内质,牢牢将创新置于经济发展、社会进步的前沿阵地与中枢位置,切实做到以创新引领和驱动改革发展。正因为如此,习近平总书记才强调要有"图之于未萌,虑之于未有"的先见之明,尽早尽快地以创新之力而赓赢发展之功。

四、实现中华民族伟大复兴的中国梦必须大力推行创新发展战略

历史经验表明,创新是一个国家兴旺发达不竭的动力。对于发达国家如此,对于发展中国家更是如此。对于中国这样的发展中大国来说,要迅速实现现代化,实现中华民族伟大复兴的中国梦,就必须大力推行创新驱动发展战略。

从当今国际形势看,综合国力竞争本质上经济和科技的竞争,核心是创新能力的竞争。在2015年5月召开的华东七省市党委主要负责同志座谈会上,习近平总书记更是直言"综合国力竞争说到底是创新的竞争"。当前,科学技术越来越成为推动经济社会发展的主要力量,创新驱动是大势所趋。新一轮科技革命和产业变革正在大潮涌动,信息科学、生命科学、物质科学、地球与环境科学、数学与系统科学以及自然科学与社会科学的交叉领域中形成了新的科学前沿,在一些重要科学问题和关键核心技术领域已经呈现出革命性突破的先兆,带动了关键技术交叉融合、群体跃进,变革突破的能量正在不断积累。由科技创新的重大突破和加快应用所带来的,将是全球经济结构的重塑,将使产业和经济竞争的赛场发生转换。面对新一轮科技革命和产业变革浪潮,创新已然成为大国竞争的新赛场,世界各主要发达国家和新兴经济体都在积极强化创新部署。顺应时代潮流，就必须把创新放在更加重要的战略位置，大力推进创新驱动发展，为增强中国经济竞争力和综合国力奠定坚实基础。

从当代中国发展的阶段性特征和未来发展趋势看，创新决定着中华民族的命运。进入新世纪以来，中国经济发展正在步入新的阶段，逐渐从数量扩张的粗放式增长方式转向主要依靠科技进步的集约式增长方式。随着中国经济的转型，投资的边际效率不断递减，伴随国际金融危机而来的进出口贸易的下降和国内有效需求的不足，以及人口老龄化的加剧，促进经济发展的"三驾马车"乏力，依靠大规模要素投入的发展方式已经难以为继。从当今中国的发展现状看，经济发展中不平衡、不协调、不可持续的问题依然突出，资源环境约束日益趋紧，环境承载能力已经达到或接近上限，处于跨越"中等收入陷阱"的紧要关头。从中国未来发展需要看，全面建成小康社会已进入决胜期，完成第一个百年梦想的马拉松赛跑已进入冲刺阶段，我们将乘势而上开启全面建设社会主义现代化国家的新征程。能否成功转变发展方式，能否成功推进产业升级，能否成功跨越"中等收入陷阱"，关键是看能否依靠创新打造发展新引擎，创造新的更长的增长周期。

在中国特色社会主义新时代，面对日益严峻的现实挑战和实现中华民族伟大复兴的历史使命，必须实现发展动力从要素驱动向创新驱动转换，必须把创新作为引领发展的第一动力，把人才作为支撑发展的第一资源，加快形成以创新为主要引领和支撑的经济体系和发展模式。

第一章 ★★★
创新是引领发展的第一动力

第三节 惟创新者进，惟创新者强，惟创新者胜

"生活从不眷顾因循守旧、满足现状者，而将更多机遇留给勇于和善于改革创新的人们。在新一轮全球增长面前，惟改革者进，惟创新者强，惟改革创新者胜。我们要拿出敢为天下先的勇气，锐意改革，激励创新，积极探索适合自身发展需要的新道路新模式，不断寻求新增长点和驱动力。"①在2014年11月举行的APEC工商领导人峰会上，习近平总书记再次重申"三惟"论述。可谓词叠意进，言简意深。

创新之路崎岖而光明。中国要实现"两个一百年"奋斗目标，必须坚持创新发展，培育新的增长动力和竞争优势。我们只有推动以科技创新为核心的全面创新，提高科技和产业的国际竞争力，才能为我国经济社会可持续发展奠定根基；才能在国际经济大调整大变革中，赢得我们的竞争新优势，为实现中华民族伟大复兴的中国梦提供无穷的动力之源。

一、创新是经济强国赖以崛起的重要力量

人类发展历史表明，经济强国的出现，背后都有一个重要的力量，那就是创新。纵观近现代世界经济发展的历史，科技创新和制度创新

---

① 习近平：《谋求持久发展 共筑亚太梦想——在亚太经合组织工商领导人峰会开幕式上的演讲》（2014年11月9日），载《人民日报》2014年11月10日。

在产业发展和经济增长中的作用可谓举足轻重。1780—1840年间，出现了以蒸汽机和冶炼技术为代表的创新；1841—1897年间，出现了以钢铁和铁路技术为代表的创新；1898—1946年间，出现了以电力、化工和汽车技术为代表的创新；1947年至21世纪初，出现了计算机和信息技术为代表的创新。重大技术发展历史表明，技术创新大约以60年的长周期演进，凸显了产业创新对人类社会发展的核心推动作用。而从更大的以工业革命为坐标的产业进步与转型角度透视，也印证了这一点：人类社会经济的每一次大飞跃都是建立在创新基础上的，都离不开创新。第一次工业革命出现在18世纪末的英国，工厂由此诞生，开启了人类社会现代化历程，也使英国成为世界霸主；第二次工业革命出现在20世纪初的美国，流水线和大工厂由此诞生，美国抓住机遇赶超英国成为世界第一大国；第三次工业革命出现在20世纪末的美国，数字化工厂由此诞生，美国因领先的科技使自身大国地位更加牢固。

从我国经济社会的发展来看，我国从一个落后的农业国成长为一个正在走向现代化的国家，依靠的也是科技创新。在近代历史上，中国曾经与这些科技革命失之交臂，并付出了沉重的代价。1929年5月4日，上海的《生活周刊》发表了笔名"醉梦人"的文章《十问未来之中国》。这些问题中包括："吾国何时可自产水笔、灯罩、自行表、人工车等，供国人生存之需？""吾国何时可产巨量之钢铁、枪炮、舰船，供给吾国之边防军？"文章发表后，杂志社收到了4000余封读者回信，其中持乐观态度者占15%，持悲观态度者占35%，余下无明显倾向。肩负民族复兴的伟业，中国共产党在领导人民夺取政权以后，就开始领导人民为实现包括科学技术现代化在内的社会主义现代化而

第一章
创新是引领发展的第一动力

努力。习近平总书记指出:"新中国成立以来,党中央高度重视科技事业,团结带领广大科技工作者和全国各族人民自力更生、艰苦奋斗,建立起全面独立的科研体系,形成了规模宏大的科学技术队伍,取得了一个又一个举世瞩目的科技成就。""'两弹一星'、多复变函数论、陆相成油理论、人工合成牛胰岛素等成就,高温超导、中微子物理、量子反常霍尔效应、纳米科技、干细胞研究、人类基因组测序等基础科学突破,超级杂交水稻、汉字激光照排、高性能计算机、三峡工程、载人航天、探月工程、移动通信、量子通信、北斗导航、载人深潜、高速铁路、航空母舰等工程技术成果,为我国经济社会发展提供了坚强支撑,为国防安全作出了历史性贡献,也为我国作为一个有世界影响的大国奠定了重要基础。"①

著名经济学家熊彼特1912年在《经济发展理论》一书中提出了"创新"概念,自此以后人们越来越认识到创新对于人类发展的重大意义。"创新是推动经济发展的内在动力"这一核心命题已成为社会共识。习近平总书记指出:"世界经济长远发展的动力源自创新。总结历史经验,我们会发现,体制机制变革释放出的活力和创造力,科技进步造就的新产业和新产品,是历次重大危机后世界经济走出困境、实现复苏的根本。"②

现代社会的发展,始终面临着需求无限性和能力有限性之间的矛盾。为着解决这个矛盾,持续增加要素有效供给并形成高效组合,不

---

① 习近平:《在中国科学院第十七次院士大会、中国工程院第十二次院士大会上的讲话》(2014年6月9日),载《人民日报》2014年6月10日。

② 习近平:《创新增长路径 共享发展成果——在二十国集团领导人第十次峰会第一阶段会议上关于世界经济形势的发言》(2015年11月15日),载《人民日报》2015年11月16日。

一个真实的创新中国

断提高生产力水平,一直都是各国长期努力的方向。在早期和传统的发展方式下,土地包括水资源和矿产资源、劳动力、资本等对经济发展起主导作用,决定着经济增长的规模和速度。而在现代创新驱动发展方式下,全社会持续的知识积累、技术进步和劳动力素质提升成为推动经济增长的基本方式。在这种创新驱动的发展方式中,土地、资本等传统要素仍然发挥着不可替代的作用,但创新的地位和作用更大,上升到了第一位。创新不仅能提高传统生产要素的效率,还能够创造新的生产要素,形成新的要素组合。尤其是通过技术、制度、管理、商业模式等方面创新,引导创新要素和传统要素形成新组合,实现从土地、资本等传统要素主导发展转为创新驱动发展,为经济持续发展提供源源不断的内生动力。相比较而言,自然资源会越用越少,而科技和人才等创新要素却会越用越多。世界上拥有资源禀赋差不多的国家,由于创新能力的不同,综合国力截然不同。在我们这样一个人口规模大、人均自然资源少的国家,创新对发展的速度、规模、结构、质量、效益越来越起决定性作用,只有充分发挥"第一动力"的作用,才能创造新常态下的新优势。对此,习近平总书记强调:当今世界科技革命和产业变革方兴未艾,我们要增强使命感,把创新作为最大政策,奋起直追、迎头赶上。[1]

---

[1]《习近平在安徽调研时强调全面落实"十三五"规划纲要加强改革创新开创发展新局面》,载《人民日报》2016年4月28日。

二、当前我国已进入只有靠创新才能持续发展的新阶段

从1978年实行改革开放算起，我国经济的快速增长已持续近40年，人均国内生产总值达到了上中等收入国家水平。从世界各国经济发展的经验看，这个阶段如果没有技术创新和体制创新的引领和支撑，经济增长就将停滞，因此在我国经济发展新阶段，创新驱动必然成为关键之举。

首先，破解产能过剩难题靠创新。我国拥有世界上完整的工业体系，有200多种工业产品的产量居世界第一位，主要能源、原材料、消费品和投资品的产量已占全球产量的1/3到1/2。这样的结果，是长期以来经济增长主要靠投资驱动所带来的。由于不断扩张的生产能力超过了市场需求，造成产能过剩，企业设备利用率总体上仅为70%左右。一方面是落后产能大量过剩，另一方面高新技术产品却大量依赖进口。虽然我国是世界上汽车生产和消费第一大国，但汽车高附加值的关键零部件主要依赖进口。也就是说，在产能过剩的表象下掩盖着的是高新技术产品供给不足及技术创新能力薄弱的实质。

其次，打破国际市场技术垄断靠创新。改革开放以来，我们在大量吸收国外投资的同时，还大规模引进国外的先进技术和管理经验，通过引进、消化、吸收、再创新，提高了工业技术水平和企业经营管理能力。现在来看，能够买来的一般技术差不多都买来了，剩下的核心技术在国际市场上是买不来的。而从对引进技术的再开发上看，日本和韩国用于引进和对引进技术再开发的投入比例为1:5，而在我国这一比例还不到1:1，再开发投入严重不足。在这样的情况下，打破外国

公司对国际市场的技术垄断，除了靠自主创新，别无选择。

再次，跨越"中等收入陷阱"靠创新。拉美一些国家在经过一段时期的快速发展后，出现了经济社会发展停滞甚至倒退的局面，被称之为"拉美陷阱"或"中等收入陷阱"。对比世界各高收入国家和长期在中等收入区间徘徊的国家，它们之间的一个重要区别，就是城乡居民之间的收入是否大致相当，城乡发展差距能否基本消灭。缩小城乡发展差距，需要采取多方面措施，但关键在于实现各类生产要素在城乡之间自由流动，通过加快农业劳动力向非农产业转移和农业集约化经营，使农业劳动生产率提高到全社会平均水平，从而实现城乡一体化发展。目前，我国的城市化率需要得到大幅提高，但我国农村人口仍占总人口的将近一半，农业劳动生产率不足社会平均劳动生产率的1/3，城乡居民人均收入相差3倍以上。在存在如此大的差距的情况下要想跨入高收入国家行列，几乎是不可能的。因此，进行体制创新，建立城乡一体化发展新制度，促进技术、资本、人才等要素在城乡之间双向自由流动，加快农业现代化进程，是跨越中等收入陷阱的客观要求。

与此同时，我国已经具备了创新引领发展的基本条件。随着党的十七大提出把提高自主创新能力、建设创新型国家作为国家发展战略的核心，我国逐步进入到研发投入增长最快、技术成果涌现最多的时期。习近平总书记指出，在绵延5000多年的文明发展进程中，中华民族创造了闻名于世的科技成果。经过中华人民共和国成立以来特别是改革开放以来不懈努力，我国科技发展取得举世瞩目的伟大成就，科技整体能力持续提升，一些重要领域方向跻身世界先进行列，正处于从量的积累向质的飞跃、点的突破向系统能力提升的重要时期。①据统计，目前我国年研发投入资金量已居全球第二位，研发技术人员数量居全球第一位；企业已经成为研发投入的主体和创新的主体，涌现出一批在国际上有重要影响的创新型企业，如华为、中兴等公司，我国企业申请的国际专利数量同美国的差距正在迅速缩小；国内申请的发明专利已经居世界第一位，每年提交的技术专利申请量已经跃居世界前列。在全面深化改革的战略布局下，党的十八届三中全会提出的各项改革举措正在逐步落实，体制机制创新正进一步释放创新创业的潜力，广大科技人员创新的积极性已经调动起来。前瞻我国经济社会未来发展，党的十八届五中全会进一步提出，要不断推进各方面创新。可以说，创新的形势令人鼓舞，以创新为主要引领和支撑的经济体系和发展模式正在形成之中。

三、深刻认识建设世界科技强国的重大意义

科技，是人类文明进步的火种。创新，是支撑民族复兴的脊梁。习近平总书记着眼实现我国新的发展，把科技创新摆在更加重要位置，提出了一系列新理念、新设计、新战略，规划了建设世界科技强国的宏伟蓝图，吹响了建设世界科技强国的号角，必将为实现中华民族伟大复兴的中国梦提供强劲的科技支撑。

这是适应我国发展形势的积极应对。经过几十年的持续快速发展，

---

① 《全国科技创新大会两院院士大会中国科协第九次全国代表大会在京召开》，载《人民日报》2016年5月31日。

一个真实的创新中国

我国经济总量跃居世界第二，人均 GDP 达到 8000 多美元。但同时，产业层次低、发展不平衡和资源环境刚性约束增强等矛盾愈加凸显，处于跨越"中等收入陷阱"的紧要关头。习近平总书记指出，当前，我国经济发展呈现速度变化、结构优化、动力转换三大特点。适应新常态、把握新常态、引领新常态，是当前和今后一个时期我国经济发展的大逻辑。要深刻认识我国经济发展新特点新要求，着力解决制约经济持续健康发展的重大问题。要大力推进经济结构性战略调整，把创新放在更加突出的位置，继续深化改革开放，为经济持续健康发展提供强大动力。[①] 我国经济发展进入新常态的基本特点是速度变化、结构优化和动力转换，在这当中动力转换最为关键，决定着速度变化和结构优化的进程和质量。而从国际经验看，二战后只有少数经济体从低收入成功迈向高收入，迈过"中等收入陷阱"实现了现代化。分析他们的经验，一个重要方面就在于紧紧依靠科技创新打造了竞争的新优势，从而提升了自身在全球价值链条中的地位。这就要求我们在未来的发展中，必须把科技创新作为工作重点，力争在较短的时间内把我国建设成为科技强国。

这是实现中华民族伟大复兴的科学设计。科技是国之利器，不断实现科技创新，国家才能赖之以强，企业才能赖之以赢，人民生活才能赖之以好。经过中华人民共和国成立以来特别是改革开放以来的不懈努力和持续奋斗，我国科技发展取得举世瞩目的伟大成就，科技整体能力持续提升，在一些重要领域和方向上跻身世界先进行列，为我国

---

① 《习近平在贵州调研时强调看清形势适应趋势发挥优势善于运用辩证思维谋划发展》，载《人民日报》2015 年 6 月 19 日。

第一章
创新是引领发展的第一动力

成为一个有世界影响的科技大国奠定了重要基础。当前，党正在领导全国各族人民为实现"两个一百年"奋斗目标和实现中华民族伟大复兴的中国梦而团结奋斗，我们比以往任何时候都更加需要用好科学技术这个最高意义上的革命力量和有力杠杆。习近平总书记强调："中华民族伟大复兴绝不是轻轻松松就能实现的，我国越发展壮大，遇到的阻力和压力就会越大。从这个经验看，关键是时机和决断。历史的机遇往往稍纵即逝，我们正面对着推进科技创新的重要历史机遇，机不可失，时不再来，必须紧紧抓住。"① 抓住这一难得历史机遇，要求我们必须把科技创新作为提高社会生产力、提升国际竞争力、增强综合国力、保障国家安全的战略支撑。面向未来，只有真正用好科学技术这个最高意义上的革命力量和有力杠杆，走出一条从人才强、科技强到产业强、经济强、国家强的发展路径，才能实现中华民族伟大复兴的中国梦。

这是掌握全球科技竞争先机的战略谋划。当前，经济全球化与社会信息化交汇融合、交织影响，国际创新要素流动空前活跃、重组不断加快，以新技术突破为基础的产业变革呈现加速态势，正在深刻改变着世界科技和经济社会发展形态。新一轮科技革命带来的是更加激烈的科技竞争，全球科技创新呈现出新的发展态势和特征，对国际政治、经济、军事、安全、外交等产生深刻影响，甚至改变国家力量对比，成为重塑世界经济结构和竞争格局的关键。逆水行舟，不进则退，如果科技创新搞不上去，发展动力就不可能实现转换，我们在全球竞争

---

① 习近平:《在中国科学院第十七次院士大会、中国工程院第十二次院士大会上的讲话》(2014年6月9日)，载《人民日报》2014年6月10日。

中就会处于下风。习近平总书记指出："我们比以往任何时候都更加需要强大的科技创新力量。""我们有改革开放30多年来积累的坚实物质基础，有持续创新形成的系列成果，实施创新驱动发展战略具备良好条件。因此，要下好先手棋，打好主动仗，对国家和民族具有重大战略意义的科技决策，想好了、想定了就要决断，不然就可能与历史机遇失之交臂，甚至可能付出更大代价。"①我国既面临赶超跨越的难得历史机遇，也面临差距进一步拉大的风险，只有努力在创新发展上进行新部署、实现新突破，才能跟上世界发展大势，把握发展的主动权。加强建设世界科技强国的战略谋划，有助于我们坚持走中国特色自主创新道路，面向世界科技前沿、面向经济主战场、面向国家重大需求，加快各领域科技创新，掌握全球科技竞争先机。

坚持把建设世界科技强国作为奋斗目标，是党中央在中国特色社会主义新时代作出的重大战略抉择。到2020年时进入创新型国家行列，到2030年时进入创新型国家前列，到中华人民共和国成立100年时成为世界科技强国，是我国科技创新的"三步走"战略目标。这一战略目标的确立，体现了党中央对国家发展和民族未来的历史宣示，体现了强大的道路自信和时代担当。这就要求我们，必须从实现中华民族伟大复兴的战略高度，充分认识建设世界科技强国的重大现实意义和深远历史意义，奋发有为，积极进取，自觉为实现"两个一百年"的奋斗目标贡献创新的智慧和力量。

---

① 习近平：《在中国科学院第十七次院士大会、中国工程院第十二次院士大会上的讲话》（2014年6月9日），载《人民日报》2014年6月10日。

第二章
把创新摆在国家发展全局的核心位置

国家之争就是实力之争,实力之争的根本是生产力之争,而生产力之争的核心是科技创新能力之争。2013年9月30日,中共中央政治局第九次集体学习走出中南海,把"课堂"搬到了中关村。在参观完中关村国家自主创新示范区展示中心后,习近平总书记指出,科技创新是提高社会生产力和综合国力的战略支撑,必须摆在国家发展全局的核心位置。在党的十八届五中全会第二次全体会议上的讲话中,习近平总书记再次强调:"我们必须把创新作为引领发展的第一动力,把人才作为支撑发展的第一资源,把创新摆在国家发展全局的核心位置,不断推进理论创新、制度创新、科技创新、文化创新等各方面创新,让创新贯穿党和国家一切工作,让创新在全社会蔚然成风。"①

第一节 推进以科技创新为核心的全面创新

洞悉时代潮流和世界大势,习近平总书记反复强调要把科技创新

---

① 习近平:《在党的十八届五中全会第二次全体会议上的讲话(节选)》(2015年10月29日),载《求是》2016年第1期。

摆在更加重要位置，大力推进以科技创新为核心的全面创新。2016年5月30日，他在全国科技创新大会、两院院士大会和中国科协第九次全国代表大会上发表重要讲话强调，科技是国之利器，国家赖之以强，企业赖之以赢，人民生活赖之以好。中国要强，中国人民生活要好，必须有强大科技。新时期、新形势、新任务，要求我们在科技创新方面有新理念、新设计、新战略。①

一、我们党提倡的创新是以科技创新为核心的全面创新

创新包括理论创新、实践创新、制度创新、文化创新、科技创新等各方面，是涉及生产力与生产关系、经济基础与上层建筑的全要素、全系统、全方位变革。从词义构成上看，科技创新包括"科学""技术"和"创新"这三个层面的内容。科学是人类基于好奇心和求知欲，对自然规律的探索和新知识的发现，如牛顿力学、相对论等；技术表现为改造世界的方法、手段和过程，是科学知识基础上的技术发明和持续升级，如从白炽灯、日光灯到半导体照明的发明、升级和演进；而创新则是把生产要素和生产条件的"新组合"引入到生产体系中去，形成新产品，开拓新市场，培育新业态、新产业的过程，如智能手机、电动汽车、互联网的商业化过程。人类对自然的认识永无止境，科技创新的潜力也不可能穷尽。从更深的层次上考量，科技创新之所以具有如此强大的魔力，就在于它是基于人类对自然规律的深化认识和具

---

① 《全国科技创新大会两院院士大会中国科协第九次全国代表大会在京召开》，载《人民日报》2016年5月31日。

第二章
把创新摆在国家发展全局的核心位置

体把握,不断创造出新理念、新手段、新工具,从而能够更大范围、更深程度地运用自然力、发展生产力,进而改变人类社会。

科技的发展创新不是孤立存在的,而是一个系统性的工程。除了依靠自身的积累之外,科技创新还必须有制度、机制、人的素质以及社会、文化等多种因素的协同配合,其成果的运用更是涉及理念、制度、机制、经济结构、人的素质等一系列因素。2014年8月18日,习近平总书记在中央财经领导小组第七次会议上的讲话中强调,创新是多方面的,包括理论创新、体制创新、制度创新、人才创新等,但科技创新地位和作用十分显要。党的十八届五中全会进而强调要把创新摆在国家发展全局的核心位置,不断推进理论创新、制度创新、科技创新、文化创新等各方面创新。其中,理论创新是社会发展和变革的先导,是一切创新活动的思想灵魂和方法来源。只有把握时代脉搏、贴近现实生活、引领人民思想的理论,才能始终赢得人民,具有长久的生命力。要以理论创新指引实践创新,化作推动经济发展的强大力量,不断开辟21世纪马克思主义发展新境界。制度创新是各类创新发展的保障,是激发创新主体活力的关键。中国特色社会主义制度是当代中国发展进步的根本制度保障,具有鲜明中国特色、明显制度优势和强大自我完善能力,要把完善和发展中国特色社会主义制度、推进国家治理体系和治理能力现代化作为全面深化改革的总目标,全面深化经济体制改革、政治体制改革、文化体制改革、社会体制改革、生态文明体制改革和党的建设制度改革,坚决清除妨碍社会生产力发展的体制机制障碍,让制度更加成熟定型,让发展更有质量,让治理更有水平,让人民更有获得感。科技创新是国家竞争力的核心。在世界各国竞争日趋激烈和我国发展动力转换的形势下，必须坚持走中国特色自主创新道路，把发展的基点放在创新上，深入实施创新驱动发展战略，推动新技术、新产业、新业态蓬勃发展，打造更多依靠创新驱动、更多发挥先发优势的引领型发展，大力培育经济发展的新动力，努力建设世界科技强国。文化创新是一个民族保持生命力和激发凝聚力的重要基础，是一切创新活动不竭的精神动力。文化要感时代之变化，立时代之潮头，发时代之先声，为党、人民、社会主义祖国鼓与呼。要积极倡导社会主义核心价值观，弘扬以爱国主义为核心的民族精神和以改革创新为核心的时代精神，不断提出新思想、新观念、新学说，繁荣发展中国特色社会主义文化。

创新发展是各方面因素综合作用的过程，只有用辩证方法推进创新，实行各类创新的相互联系、互相促进，才能有效地发挥出强大的推动作用。要通过创新破除制约发展的思想障碍和制度藩篱，促进各类创新持续发展和全面融合，打通科技创新和经济社会发展之间的通道，让一切劳动、知识、技术、管理、资本的活力竞相迸发，释放巨大的发展潜能。

在创新发展的内涵中，科技创新提出的时间最久，受到的重视最多，在各种创新活动中，科技创新始终是基础。近代以来，世界经历了数次科技革命，世界的科技中心和工业重心从英国转到德国、再转到美国，表面上看是地理位置的更替，实质上是科技创新能力强弱的转换。明清时期的中国落后，重要原因就是与科技革命失之交臂。现在，世界范围内新一轮科技革命和产业变革蓄势待发，在一些科技领域，我国正在由"跟跑者"变为"同行者"，甚至是成为某些领域的"领跑者"，科技创新的程度，直接影响着整个创新发展理念的实施。科技创新既是提高社会生产力和综合国力的战略支撑，又是管理创新、市场创新、品牌创新、组织创新、商业模式创新等的基础。科技创新在全面创新中具有引领作用，决定其他创新推进的广度、深度和实现程度，能够推动生产力、生产关系等各方面创新。

二、深刻把握当代科技创新大势规律，抓住创新引领发展第一驱动力这个"牛鼻子"

从现实发展来看，要实现中华民伟大复兴的中国梦，我国比以往任何时候都更加需要科技创新的力量。离开科技创新能力的大幅提升，赶不上科技革命和产业变革的浪潮，我们很难实现经济结构的调整和发展方式的转变，也难以解决发展中不平衡、不协调、不可持续的问题。当前，不论是发展实体经济、改造提升传统产业、巩固发展优势支柱产业，还是培育壮大战略性新兴产业、做大做强做优先进制造业、推动产业集成集约集群发展，任何一项都离不开以科技创新为核心的全面创新。培育壮大新产品、新业态，淘汰落后产能，提升中国产品和服务业在全球价值链中的位置，让中国制造走向中国创造，背后也都是科技创新在支撑。只有充分发挥科技创新的战略支撑作用，才能不断提升发展的质量和效益。

习近平总书记强调，当今世界，科技创新已经成为提高综合国力的关键支撑，成为社会生产方式和生活方式变革进步的强大引领，谁牵住了科技创新这个牛鼻子，谁走好了科技创新这步先手棋，谁就能占领先机、赢得优势。①针对有人认为科技创新对经济社会发展是远水解不了近渴，结果是在实际工作中对科技工作说起来重要、干起来次要、忙起来不要的错误想法和做法，习近平总书记还给予了严正批评，指出这种想法和做法必须纠正。

对于科技创新的极端重要性，习近平总书记在2014年6月9日两院院士大会上还说了三句话："科技创新，就像撬动地球的杠杆，总能创造令人意想不到的奇迹。当代科技发展历程充分证明了这个过程。""不能想象我们能够以现有发达水平人口消耗资源的方式来生产生活，那全球现有资源都给我们也不够用！老路走不通，新路在哪里？就在科技创新上，就在加快从要素驱动、投资规模驱动发展为主向以创新驱动发展为主的转变上。""抓住新一轮科技革命和产业变革的重大机遇，就是要在新赛场建设之初就加入其中，甚至主导一些赛场建设，从而使我们成为新的竞赛规则的重要制定者、新的竞赛场地的重要主导者。"②当今时代，科技进步与创新的地位越来越重要，越来越成为社会生产力解放和发展的重要基础与标志，越来越决定着一个民族、一个国家的发展进程。如果不能顺应创新的时代潮流，一个民族就难以兴盛，难以屹立于世界先进民族之林。目前世界许多国家特别是传统经济大国，都在加紧调整科技和产业发展战略，增强以经济和科技实力为基础的综合国力，国际竞争越来越激烈。对此，我们应有充分的估计和准备，保持清醒的认识。

---

① 《习近平在上海考察时强调当好全国改革开放排头兵不断提高城市核心竞争力》，载《人民日报》2014年5月25日。

② 习近平：《在中国科学院第十七次院士大会、中国工程院第十二次院士大会上的讲话》（2014年6月9日），载《人民日报》2014年6月10日。

第二章
把创新摆在国家发展全局的核心位置

对于新科技革命和全球产业变革，习近平总书记作出了一系列前瞻性判断，为我们全面把握新一轮科技革命和产业变革规律，迎头赶上时代变革浪潮指明了方向。

其一，交叉融合创新是科技革命和产业变革的动力之源。习近平总书记指出，新一轮科技革命和产业变革正在孕育兴起，一些重要科学问题和关键核心技术已经呈现出革命性突破的先兆，基础和应用科学领域重大进展带动关键技术交叉融合、群体跃进，变革突破的能量正在不断积累。[1]"科学技术在广泛交叉和深度融合中不断创新，特别是以信息、生命、纳米、材料等科技为基础的系统集成创新，以前所未有的力量驱动着经济社会发展。"[2]这是对当代科学、技术和产业发展的内在规律的准确归纳和总结，科学地回答了新一轮科技革命和产业变革的动力基础及发展走向等重大命题。

其二，密切跟踪研究产业革命的新趋势新特点。习近平总书记作出"两大交汇"的重要论断，指出世界正处在新科技革命和产业革命的交汇点上，强调未来几十年，新一轮科技革命和产业变革将同人类社会发展形成历史性交汇，工程科技进步和创新将成为推动人类社会发展的重要引擎。[3]全面把握历次产业革命的发展脉络，习近平总书记还提出五大要素构成理论，即有新的科学理论作基础，有相应的新生产工具出现，形成大量新的投资热点和就业岗位，经济结构和发展方式

---

[1] 《习近平在中共中央政治局第九次集体学习时强调敏锐把握世界科技创新发展趋势切实把创新驱动发展战略实施好》，载《人民日报》2013年10月2日。
[2] 习近平：《致2015世界机器人大会贺信》，载《人民日报》2015年11月24日。
[3] 习近平：《让工程科技造福人类、创造未来——在2014年国际工程科技大会上的主旨演讲》（2014年6月4日），载《人民日报》2014年6月4日。

发生重大调整并形成新的规模化经济效益,社会生产生活方式有新的重要变革,而这些要素目前都在加快积累和成熟中。他特别指出,随着信息化、工业化不断融合,以机器人科技为代表的智能产业蓬勃兴起,成为现时代科技创新的一个重要标志。① 这是对新一轮全球科技革命和产业变革的清晰勾勒,为我们加快推进工业化、信息化融合,准确判断、迅速抢占新一轮工业革命的先机提供了理论依据。

其三,牵住"牛鼻子",下好先手棋。习近平总书记深刻指出,要牢牢把握科技进步大方向,把握产业革命大趋势,既要重视不掉队问题,也要从国情出发确定跟进和突破策略,把握好基础研究这一整个科学体系的源头和所有技术问题的总机关,瞄准世界科技前沿和顶尖水平,力争在基础科学领域有大的创新,在关键核心技术领域取得大的突破。② 这就进一步明确了我国加快推进科技创新、培育未来竞争新优势的战略支点和突破口,为我们看准努力方向、超前规划布局提供了行动指南。

其四,形成崭新的创新发展观。习近平总书记作出"两个第一、一个核心"的重要论断,强调要把创新作为引领发展的第一动力,把人才作为支撑发展的第一资源,把创新摆在国家发展全局的核心位置。这就进一步深化发展了科学技术是第一生产力的思想,把科技创新在国家发展全局中的战略地位提升到一个新的高度,为协调推进创新发展、协调发展、绿色发展、开放发展、共享发展,驾驭这场关系我国发展全局的深刻变革提供了重要保证。

---

① 习近平:《致2015世界机器人大会贺信》,载《人民日报》2015年11月24日。
② 《习近平在上海考察时强调当好全国改革开放排头兵不断提高城市核心竞争力》,载《人民日报》2014年5月25日。

近年来,"神舟"飞天创造了"中国高度","蛟龙"潜海成就了"中国深度",高铁奔腾刷新了"中国速度",大望远镜拓宽了"中国维度"……我们已在一些"赛场"上跑在了前面。但在一些新的"赛场"上,我们还需发力。比如,物质结构等重大科学问题的原创性突破正在开辟新前沿新方向,信息技术等颠覆式创新正在创造新产业新业态;重要专利药物、先进医疗设备等高端技术被国外垄断,成为老百姓看病贵的症结之一;向地球深部进军止于地底500米,而国外可达2500米至4000米……时不我待,形势逼人,要求我们在科技创新方面要有新设计、新战略。2016年5月发布的《国家创新驱动发展战略纲要》,提出了我国到2050年建成世界科技创新强国的战略目标、方向和重点任务;具体明确了包括信息网络技术、智能绿色制造、健康等9个重点领域在内的技术发展方向,要发展引领产业变革的颠覆性技术。蓝图已然绘就,我们不能等待观望,必须拿出只争朝夕的劲头。

三、把推进科技创新作为治国理政的重要方略,发挥科技创新在全面创新中的引领作用

以史为鉴,未来可期。当今世界科技革命和产业变革方兴未艾,这就警示我们,科技创新要摆在更加重要的位置。充分发挥科技创新在全面创新中的引领作用,需要从以下方面努力。

一要加强基础研究。基础研究是提高原始创新能力、积累智力资本和提高国家核心竞争力的重要途径,没有基础研究,科技创新就会成为空中楼阁。基础研究水平的高低决定一国整体科技创新能力的强弱,

一个真实的创新中国

通过基础研究产生的原始创新成果,可以进一步转化为具有自主知识产权的核心技术。因此,当今世界各国都把加强基础研究作为科技发展的战略重点。统计数据显示,我国基础研究所占的比重不到5%,仅为发达国家的1/4。在基础研究上的投入不足,不仅使我国缺乏原创性、颠覆性创新成果,而且已成为核心技术领域缺乏重大突破的主要制约因素。由于基础研究资金投入大、研发周期长,且具有较大不确定性,常常面临私人部门投资不足的问题,因而需要国家加大支持力度,包括建设支撑基础研究的设施和平台,组建处于科学前沿的高水平研究团队,牵头组织跨领域的国际大科学计划和大科学工程,力求在世界前沿科学、尖端技术领域取得重大突破。

二要强化原始创新、集成创新和引进消化吸收再创新,加快提升创新能力。原始创新是最根本最重要的一类创新,是指前所未有的重大科学发现、技术发明、原理性主导技术等创新成果。原始创新是我国科技创新的短板和薄弱环节,强化原始创新,需要要大力培养科技创新领军人物,在全社会培育创新精神,营造良好的创新氛围,打造既鼓励创新又容忍失败的创新文化,构建起促进创新的激励机制,有力调动起企业、高等院校和科研院所科技创新的积极性主动性和创造性,大力提高基础研究和应用技术研究的原始创新能力,不断研发出具有自主知识产权创新型科技成果,提高知识和技术密集型产业在我国国民经济中的比重。集成创新是对各个创新要素和创新内容进行选择、集成和优化,对各种创新要素进行创造性融合,使创新系统的整体功能发生质的变化,从而形成优势互补的有机整体。强化集成创新,需要及时有效整合人才、技术、信息和组织等各类创新要素,努力提高集成创新能力。引进技术可以节约研究时间，少走弯路。在经济全球化的当下，我们需要积极利用全球科技资源，在更大范围、更广领域、更高层次上积极参与国际科技合作，做到在高水平引进的基础上，加大对消化吸收和再创新的投入力度。同时，还要主动提出我国牵头的国际大科学计划和大科学工程，引领国际科技创新潮流。

三要强化企业创新主体地位和主导作用，培育具有国际竞争力的创新型领军企业。企业不仅是创新成果需求者，也是创新成果供给者。企业是市场主体也是科技创新的主体，对于市场需求具有天然的敏感性，对基础性和前沿性科技创新具有内在动力。企业只有不断地采用先进生产技术和先进经营管理模式，才能不断提高劳动生产率和经济效益，在激烈的市场竞争中占据优势地位。科技创新成果也只有通过企业的应用和推广，才能实现其商业化，产生真正的经济效益。近年来，虽然我国已涌现出一批具有国际竞争力的创新型企业。但总体而言，我国企业的技术创新能力仍然相对不足。由于缺乏自主知识产权，无法实现技术赶超，很多企业在发展中受到跨国公司的制约。因此，要通过健全技术创新的市场导向机制，促进企业真正成为创新主体，使其在技术创新决策、研发投入、科研组织和成果转化方面发挥主导作用。

四要深化科技体制改革，构建产业技术创新联盟，促进科技与经济深度融合。从世界经济强国的经验看，高等院校、科研院所和企业之间通过密切合作形成产业技术创新联盟，能够缩短从基础研究到产业化的周期，加快创新成果转化为现实生产力的过程，使科技创新与经济社会需求更加紧密结合。与当今世界科技强国相比，我国尚未形成产学研合作创新的有效机制,高等院校、科研院所和企业的创新活动严重分化,科研成果转化率只有10%左右,大大低于发达国家40%的水平。因此,要通过深化科技体制改革,完善科研成果评价机制,建立以企业为主导的创新联盟,推动不同科研主体进行协同创新。同时,要加强技术和知识产权交易平台建设,加快科技成果产业化的速度。

五要重视颠覆性技术创新。无论从科技创新历史来看,还是从现实来看,在科学技术进步过程中,每隔一段时间,往往在某一领域就会出现一些颠覆性技术创新。如:相对于雕版印刷术,活字印刷术就是一种颠覆性技术创新;相对于活字印刷术,电脑打印就是新的颠覆性技术创新。颠覆性技术创新在其形态上具有超越性和突变性,在效能上具有革命性和破坏性,往往以其革命性的变化带来更为低廉的价格、更为便捷的操作、更为崭新的性能以及更为个性化、人性化的营销模式和服务,从而在短时期内摧毁旧产品、旧技术、旧的营销模式,催生新产品、新技术和新的营销模式,推动经济社会实现跨越式发展。

六要建设以国家实验室为引领的科技创新基地。2015年10月,习近平总书记在《中共中央关于制定国民经济和社会发展第十三个五年规划的建议》的说明中指出:"提高创新能力,必须夯实自主创新的物质技术基础,加快建设以国家实验室为引领的创新基础平台。"[①] 必须以国家目标和战略需求为导向,优先在国家发展至关重要的战略领域、

[①] 习近平:《关于〈中共中央关于制定国民经济和社会发展第十三个五年规划的建议〉的说明》,载《人民日报》2015年11月4日。

经济发展具有变革性推进作用的战略性高新技术领域和催生重大创新、可能深刻影响未来发展及关系国家安全的前沿科学领域,科学布局建设一批体量大、学科交叉融合、综合集成的国家实验室;围绕能源、生命、粒子物理和核物理、空间和天文、海洋等领域布局建设一批重大科技基础设施;围绕国家战略需求和科技创新链布局,对现有国家科研基地和平台进行合理归并、优化整合,进一步明确功能定位和目标任务。同时,要加强科技资源开放共享与服务平台建设,强化对前沿科学研究、企业技术创新、大众创新创业等的支撑。

第二节　让创新贯穿党和国家一切工作

改革开放以后,党领导全国人民以大无畏的决心和勇气,积极探索新的土地制度、企业管理制度以及科技发展制度,实现了国民经济和整个国家的快速发展。在一定意义上可以说,中国的改革开放历史就是创新的历史。中国的改革率先在农村起步,由于在农村大胆实行土地承包责任制,改变了传统的土地法律关系,极大地激发了广大农民的劳动积极性和创造性,从而实现了粮食连年增产增收,不但解决了中国的吃饭问题,而且为中国工业化、现代化提供了大量的剩余劳动力,从而使中国真正走向了农业促进工业发展、工业反哺农业的现代化发展道路。然而,经过多年的发展,随着改革不断深化拓展,传统的制度创新的边际效用越来越小,相反,改革的成本越来越大。

一个真实的创新中国
★★★★★★★

一、实现全面建成小康社会的奋斗目标,必须重新寻找和激发发展动力

创新既需要内在驱动,同时又需要外部推动;创新既需要充分发挥人民群众的主观能动性,同时又需要政府的大力扶持。着眼实现全面建成小康社会的奋斗目标,党的十八届五中全会提出的创新发展战略,既包括生产力要素组合创新,又包括生产关系改革创新;既包括产业发展创新,又包括国家行政体制创新,是一个富有想象力的内容全面的创新规划。全会所提出的创新,不仅仅是指科学技术的创新,还包括国家管理体制的创新;不仅仅是指市场主体要素组合创新,还包括国家产业发展政策的创新。

对于创新在国家经济社会发展中的重要地位和作用,《中共中央关于制定国民经济和社会发展第十三个五年规划的建议》作了崭新概括,提出了"创新是引领发展的第一动力"的重大论断,强调"让创新贯穿党和国家一切工作"。这是对马克思主义关于发展的理论在中国的最新探索,是对"科学技术是第一生产力"重要思想的创造性发展。

现代社会在其发展过程中,始终面临着需求无限性和能力有限性之间的矛盾。为此,如何持续增加要素有效供给并形成高效组合,不断提高生产力水平,一直以来都是各国长期努力的方向。在传统的发展方式下,对经济发展起主导作用的是包括水资源和矿产资源在内的土地以及劳动力、资本等,它们决定着经济增长的规模和速度。而在新的发展方面下,创新驱动成为推动经济增长的基本方式,它的基本特征是全社会持续的知识积累、技术进步和劳动力素质提升。在创新驱动的发展方式中，土地、劳动力、资本等传统要素仍然发挥着不可替代的作用，但创新已经上升到了第一位。创新不仅能提高传统生产要素的效率，还能够创造出新的生产要素，形成新的要素组合。特别是通过技术、制度、管理、商业模式等方面创新，引导传统要素和创新要素形成新组合，实现从土地、劳动力、资本等传统要素主导发展转为创新驱动发展，能够为经济持续发展提供源源不断的内生动力。从发展要素上看，自然资源会越用越少，而科技和人才等创新要素却会越用越多。世界上拥有相似资源禀赋的国家不在少数，但由于创新能力的不同，这些国家的综合国力截然不同。在我们这样一个人口规模大、人均自然资源少的国家，创新对发展的速度、规模、结构、质量、效益所起的决定性作用越来越大，只有充分发挥"第一动力"的作用，才能创造新常态下的新优势。

二、在中国特色社会主义新时代，以习近平同志为核心的党中央对推动科技创新作出了重大部署

加强顶层设计和总体部署，科技创新的谋篇布局更加系统完善。举一纲而万目张，解一卷而众篇明。科技创新发展是一项复杂的系统工程，需要从战略层面做好设计和布局。十八大以来的五年，以习近平同志为核心的党中央为推动科技创新面向世界科技前沿、面向经济主战场、面向国家重大需求，提出了一系列新理念新思想新战略，作出了诸多标志性的重大部署。在党的十八大提出实施创新驱动发展战略后，中

央发布实施《国家创新驱动发展战略纲要》，这是指导新时期我国科技事业发展的纲领性文件。发布《关于深化体制机制改革加快实施创新驱动发展战略的若干意见》，出台深化科技体制改革实施方案和系统推进全面创新改革试验方案，努力破除束缚创新驱动发展的体制机制障碍。全国人大常委会修订《促进科技成果转化法》，在科技成果的权益分配、激励力度等方面实现了重大突破。中央立足全局，着眼未来，通过"科技创新—2030重大项目"建议，凝练了一批面向2030年的重大科技项目和工程，与现有科技重大专项形成梯次接续的系统布局。国务院还发布了《"十三五"国家科技创新规划》，对今后几年我国的科技创新进行了详细规划。

增强高水平的创新源头供给，科技实力和创新基础更为雄厚。基础研究和重大原始创新引领科技和产业发展的方向。党中央坚持国家战略需求和科学探索目标相结合，科学部署基础研究和前沿技术研究，构建高效强大的核心关键技术和产品研发体系。近年来，以抢占国际科技制高点为目标，进一步明确了国家科研基地的功能定位，优化战略创新力量布局，在重大科技创新领域研究启动若干国家实验室建设。同时，加强科研基础条件能力建设，促进科技资源开放共享。通过夯基筑垒，在铁基高温超导、量子通信、多功能诱导干细胞、剪接体三维结构等基础研究领域涌现了一批重大原创性成果，在载人航天和探月工程、载人深潜、高性能超级计算机等一批战略高技术方面也实现了重大突破。

紧紧围绕经济社会发展需求，有力支撑产业转型升级和民生改善。习近平总书记反复强调，"科学技术必须同社会发展相结合"，这就

第二章
把创新摆在国家发展全局的核心位置

为科技创新指明了方向。这个方向,就是要同国家需要、人民要求和市场需求相结合,在关系全局和长远发展的战略领域争先。适应经济发展新常态,需要把科技创新摆在更加突出的位置,着力解决制约经济发展的重大瓶颈问题,培育发展新动能,拓展发展新空间。近年来,党中央加快实施国家科技重大专项,加快产业关键技术研发和重大科技成果应用推广,在大力培育新兴产业的同时,积极促进传统产业改造升级,经济增长的科技含量日益提升。通过实施粮食丰产、渤海粮仓等科技工程,有力保障了国家粮食安全。通过开展能源资源、生态环境、人口健康等领域的关键技术攻关,为人民群众提供更多科技福祉,涌现出一批重大科技创新成果。如,C919大型客机首架机总装下线并首飞成功;自主知识产权的CAP1400压水堆关键试验验证全面完成;移动通信4G完整产业链基本形成;高速列车技术实现谱系化、智能化、绿色化发展;风电和太阳能光伏装机容量均居世界第一,等等。

积极培育区域创新增长极,富有活力和竞争力的创新高地不断涌现。以创新驱动为特征的引领型发展需要根据各地科技优势和产业特征,打造一批富有活力和竞争力的区域创新中心,带动创新要素和资源的流动和高效集聚。经过不懈努力,14个国家自主创新示范区和146个高新区已成为创新发展的"领头雁"和区域转型升级的核心载体。在国际国内经济增速整体下降的趋势下,这些国家自主创新示范区和高新区经济增速保持两位数增长,有4个国家自主创新示范区对地区GDP增长贡献率超过30%。大批高新技术企业呈现勃勃生机,创新型经济发展的新格局正在形成。

总的看,在以习近平同志为核心的党中央坚强领导下,我国科技创新取得重大成就。科技整体水平正在从量的增长向质的提升转变，已逐渐步入跟跑、并跑、领跑并存的新阶段。据统计，我国主要创新指标跻身世界前列，国际科技论文数量稳居世界第2位，被引次数攀升至第4位；我国国内专利申请量和授权量分别居世界第1位和第2位，国家创新能力排名上升至第18位。2015年全社会研发投入（R&D）达1.42万亿元，比2010年增长一倍，研发经费占GDP比重达到2.1%。科技进步贡献率达到55%，比2010年增加4.2个百分点，以创新培育新动能、以科技引领新发展的良好格局正在加快形成。

三、坚持在"五位一体"总布局和"四个全面"战略布局中思考和谋划创新

创新的重要性决定了必须使其贯穿党和国家一切工作，成为国家意志和全社会的共同行动。"四个全面"战略布局和"创新、协调、绿色、开放、共享"五大发展理念既是治国理政的基本遵循，又是我们认识新常态、适应新常态、引领新常态的研判准则。其中，改革创新始终都处于核心位置。在实践中，只要紧紧抓住改革创新这个节点，并真正抓出效率，抓出效能，抓出效果，其他问题便都自会顺理成章，迎刃而解。从理论和实践上看，创新在任何时候和任何情况下都具有带动作用与引领功能，都能激发社会创造力和提升发展力，都是精神与物质的动力之源和变革与发展的契机所在。创新的本质和要义，就是为科学发展、协调发展、绿色发展和可持续发展提供引领与动力，并使之得以快速、健康、有成、有序、机理活跃、效能显著。面对我国经济发展的新常态，

第二章
把创新摆在国家发展全局的核心位置

之所以要提出并鼓励大众创业、万众创新,提出并强调结构性改革和不断深化改革,其目的就在于向创新要活力、要动力、要激情、要智慧,并以之促进和驱动社会变革与经济发展。当前,世界范围内新一轮科技革命带来的是更加激烈的科技竞争,如果科技创新搞不上去,发展动力就不可能实现转换,我们在全球经济竞争中就会处于下风。

在高度重视创新地位作用的同时,我们也必须充分认识到,当前我国在创新发展的过程中仍然存在着许多深层次的复杂问题,这些问题主要表现在以下几个方面:

首先,创新机制尚未完全形成,单兵突进的现象依然十分严重。创新是一个综合的系统工程,要求生产力、生产关系和上层建筑各领域的全面改革,只有这样才能形成良好的社会氛围,也只有这样才能使创新真正成为国家发展的驱动力。然而,不可否认的是,在创新发展的过程中,由于制度不配套,创新的阻力依然很大。比如,在科技成果转化的过程中,由于分配制度的不合理,使一些科技人员缺乏积极性和主动性。为此,现在全国各地正在积极探索实施倡导和鼓励创新的科技奖励制度,以通过提高科技工作人员的福利待遇和收入分配比例调动其积极性主动性,从而使科学技术真正成为推动生产力发展的第一要素。

其次,创新的制度环境并不理想,产业发展受到法律制度的约束。比如,随着社会信息化的发展,互联网络金融的兴起,不仅改变了传统的资本配置方式,同时也改变了人们的生活方式。然而,对于新生事物的认识和理解需要一个过程。由于在互联网络金融发展过程中出现了一些争议,结果导致互联网络金融管理机构在制定制度规则的过程中过于小心谨慎，已经出台的有关规定抑制了互联网络金融产业的发展。而只有打破传统的思维定式，制定更加灵活便捷的互联网络金融政策，才能够真正满足消费者的需要，也才能真正促进我国互联网金融行业的发展。

再次，落后的思想观念仍然在作祟，创新受到了思维定式的影响。比如，在发展市场经济的过程中，一些人只看到了现代公司制度的作用，而忽视了现代发达市场经济国家存在的合作社的价值。他们对广大乡村地区以及城镇长期普遍存在的合作社缺乏热情，认为合作社在现代市场经济条件下收效甚微，只能起到辅助性作用，而没有看到合作社在现代民主管理中的价值，没有充分利用合作社解决社会发展中存在的问题。对于因思想观念滞后于时代带来的影响，只有改变传统的错误观念，突破思维定式的束缚，才能充分吸收和借鉴发达市场经济国家的先进经验，结合本国的国情，创造性地发展中国的市场经济。

创新虽然是革故鼎新，但绝不是抛弃人类文明发展的一切成果从头做起，而是充分借鉴其他国家的有益经验，结合中国的实际，建立起更加完善的社会政治法律制度体系；创新也绝不是跟在发达市场经济国家身后亦步亦趋，东施效颦，而是要在充分吸收借鉴人类文明发展成果的基础之上，走出适合中国发展特点的道路；创新更不是在其他国家发明创造的基础之上进行修修补补，而是要在现代科学技术观念的引领下，实现突破性的发展。创新是全面建成小康社会的根本途径，也是实现中华民族复兴的必由之路。为此，要在政策制定、制度安排和资源配置中，把科技创新作为最重要的战略资源，优先考虑。要积极构建有利于促进创新的体制架构,提高创新资源的集聚能力和使用效率。要不断加大科技投入,发挥财政资金撬动作用,引导社会资源投入创新,努力形成财政资金、金融资本、社会资本多方投入的新格局,扩大创新创业投资规模。

第三节 让创新在全社会蔚然成风

创新发展是全民参与、全民推动的宏伟事业。从国际和国内的实践来看,许多重要的科技创新成果都是由民间小企业创造的,它们靠一技之长发展成为科技"小巨人",有的已成长为参天大树,对一国乃至整个世界的科技与经济发展产生深远影响。要强化创新的法制保障,大力培育公平、开放、透明的市场环境,健全激励创新的体制机制,营造良好的创新生态,增强各类市场主体的创新动力,使创新成为全社会的一种价值导向、一种生活方式、一种时代气息,让每个有创新意愿的人都有机会和空间,加速形成人人崇尚创新、人人希望创新、人人皆可创新的社会氛围。

一、厚植科技创新优势,必须营造大众创业、万众创新的良好环境

党的十八届三中全会开启了中国改革开放的新征程,在2015年的《政府工作报告》中,"大众创业、万众创新"首次上升到国家经济

发展新引擎的战略高度。今天中国社会大众创业、万众创新的热潮正在兴起，它所体现出的基础性、大众性、开放性和前沿性，不仅能够为中国未来经济发展提供有力而持久的支撑，也将给我们的经济社会带来巨大而深远的影响。

其一，大众创业、万众创新体现人作为生产力系统中最活跃要素的巨大能动作用和深化改革对发展的巨大促进作用。按照马克思主义的观点，物质生产是人类社会存在和发展的基础，社会生产力是推动社会发展的根本动力，人民群众是推进社会发展的根本力量。人民群众的实践，千百万大众的利益、诉求和愿望决定着我国社会的发展方向。大众创业、万众创新产生于当代以互联网和大数据勃兴为代表的科技大发展条件下，在制度变革和政策创新的作用下，使中国社会生产力获得又一次解放。改革开放以来，中国社会生产力取得大发展，劳动者所对应的生产资料已不仅是土地、工业制造设备等。随着现代科技的快速发展，以互联网为代表的新一代信息技术使劳动者、生产资料和劳动对象的结合方式与过去相比有了极大变化，它使得大众创业、万众创新成为浩浩荡荡的大规模实践活动。在大众创业、万众创新热潮中，科研人员、青年和大学生、国际人才、返乡人员、基层群体等各类人物主动参与，成为推动中国社会发展的力量洪流。

其二，大众创业、万众创新成为普通大众收获新一轮改革开放红利的最直接与现实的实现方式。唯物史观中的人民群众不是抽象的个体，而是有着特定文化承载、个人意志和价值追求的社会主体。经过改革开放以来市场经济大潮的洗礼，在人事人才制度和人口户籍政策等社会管理体制的不断变革下，人们的生活观念、财富观念、时间观念、风险意识等都发生了深刻变化。城镇化带来城乡人口大流动，传统观念中的安土重迁观念瓦解了；体现现代文明的城市新思想、新观念和新的生活方式，改变了许多过去一年都很难去趟县城的农民的命运。作为计划经济特色之一的单位制的变革，使一大批人从"单位人"变成了"社会人"，走出原有的小社会"安乐窝"，走上创业创新之路。在工业化时代的市场经济条件下，创业和创新所需要的资金、技术门槛较高，不是普通大众能轻易迈过去的。今天互联网的广泛应用和低门槛使机会更加平等，依托于"互联网+"的创业和创新无处不在，普通大众都可以参与其中，并找到获得成功的机会。

"市场是天生的平等派。"改革开放以来，特别是在建设社会主义市场经济的过程中，社会中相当一部分人拥有了改变自身命运的机遇。一批人通过诚实劳动和艰苦努力成为市场竞争的优胜者，使得今天中国社会主义市场经济体制带来的积极的流动效应比以往任何时期都要大得多。推进大众创业、万众创新，就是让更多的人更快地富裕起来，让更多的人更好地实现人生价值，这有助于调整收入分配结构，促进社会公平，也会让更多年轻人，尤其是贫困家庭的孩子有更多的上升通道。

其三，大众创业、万众创新顺应了社会生产力和生产方式的当代新变革，是对传统经济条件下创业创新的超越。20世纪70年代以后，创新出现了向多元主体开放式参与的转向，在传统的企业家之外，一些大学和科研机构等主体也参与进来，形成了系统性、网络式、集群化的创新行为和过程模式。当然，这一模式下的创新尽管具有相当的开放性和协同性，但还不具有人人可参与的大众性。近年来，科学技术的革命性变化引发创新组织模式发生重大变化。大数据、云计算和移动互联网的快速发展，使创新日益呈现出明显的个人化、小规模、分散式、渐进性特征，从而使创业创新活动变成了社会大众人人可及的事情。在过去的很长时期内，在中国社会中创业和创新只是少数人从事的"高大上"的事情，对于普通大众来说只能沿着前辈的生活轨道谋生。但现在，随着电子商务快速发展，"淘宝网"等平台凭借技术难度小、进入门槛低、初始资金需求量少等比较优势，帮助千百万普通民众实现了创业梦想，并且在中国城乡地区形成了极强的示范和带动效应。目前，我国东部地区的浙江、山东、江苏等地出现了一批"淘宝村"，极大改变了现代技术发展与普通民众的疏离，这是他们前辈没有遇到也没有想到过的事情。那些有梦想、有意愿、有能力的人，无论是接受过高校教育的科技工作者、大学毕业生，还是普通农民、家庭妇女、退役军人、失业人员甚至残障人士等，都可以参与进来，都可找到"用其智、得其利、创其富"的机会和空间。

其四，大众创业、万众创新反映了当代信息化高度发展条件下技术范式的深刻变化。人类知识的生成、传播和继承，每个环节都离不开人与人之间的沟通与交往。数据已经渗透到每个行业和职能领域，成为不可或缺且日益重要的生产要素。而随着对数据收集、管理、挖掘技术的快速发展，一大批新产业被大数据催生出来。据测算，自印刷术发明以来，过去上千年印刷材料的数据量相当于200PB［数据存储以比特（Byte）为最小单位，为1024进位制，从低到高依次为B、KB、MB、GB、TB、PB、EB和ZB］，而2011年全球产生的数据量约为1.8ZB，相当于人类过往数据量的9400倍。与传统的工业革命不同，知识经济和大数据的基本特征是知识与数据的排他性约束相对较少，同一或同类数据可以被多个主体同时使用，乃至越用越丰富，其边际成本还会出现不断降低趋势，这些都对国家治理模式、企业决策、组织和业务流程、个人生活方式产生巨大的影响。同时，今天的社会生活正日益高度数据化，数据信息的传播也从单中心、单向传播向多中心、网络裂变式传播转变。"互联网+"和大数据一方面带来传统的重构，另一方面更催生了无数的商业机会和盈利空间，把人重新组织进新的财富创造体系之中。大数据天然具有无限接近消费者潜能的性质，它极大地推进了人的愿望、需要和现实需求与可能提供的产品、服务在更细微层面的匹配，预示着新一轮生产率增长和消费者盈余浪潮的到来。

二、中国进入发展新阶段和现代科技迅速进步为大众创业、万众创新提出了迫切需要

20世纪下半叶以来，西方发达国家逐步进入后工业时代，其重要特征之一就是服务业的快速发展。相比较而言，1978年，我国第一产业、第二产业和第三产业占国内生产总值（GDP）的比重分别为28.2%、47.9%和23.9%。2013年，我国第三产业占GDP的比重达到46.1%，首次超过第二产业。在传统工业化道路下，走的是高资本投入、高资源消耗的路子，这种模式在当前已经难以为继。2014年，我国GDP约占世界的13%，但这一占比却消耗了世界能源的23%、钢材和水泥的50%，资源环境瓶颈制约十分严峻。

一个真实的创新中国

作为世界上人口和劳动力数量第一的大国,在农业就业人员比重逐步降低的大形势下,解决农业富余劳动力的就业问题成为一大难题。随着工业技术和劳动生产率的提高,原有的资本密集型、劳动密集型工业已难以有效解决新增就业问题,必须通过加快发展吸纳劳动力能力较强的服务业来创造更多的就业机会。2005年至2014年我国就业人员从约7.46亿人增加到7.72亿人,其中第二产业增加了约5300万,而第三产业增加了约7800万。

当前,互联网技术创新成果和社会各领域深度融合,形成了以互联网为基础平台的创新要素的发展新形态。"互联网+"改变了传统业态,在关键产业都可以找到深度融合和成长的空间,给企业提供了一个新的发现价值、创造价值、解决问题的路径,也改变了消费者的需求内容、需求结构和需求方式。由"互联网+"事业来的商业模式的创新进而引起了人们传统商业思维和商业逻辑的变革,引发人们重新思考不断变化的商业模式中的资源、价值、结构、关系和边界,并创造了现代商业模式。

现代商业模式创新具有极强的衍生和拓展能力,基于平台商业模式的向上、向下延伸、跨界和全方位扩张,催生出难以计数的商机。比如,苹果公司为iPhone手机推出应用程序商店(App Store)模式,免费为众多独立软件开发商提供开发工具。应用程序商店允许用户直接从iTunes商店浏览、购买和下载应用程序,苹果公司从中提取30%的版税。App Store技术平台发挥了强大的网络效应,使苹果公司完成了从原来的iPod向iPhone平台商业模式转变。同时,也诱发了各大信息技术(IT)系统提供商、网络运营商、手机终端制造商的创新激情,纷纷推出自己的"App Store"。现在门类众多的应用软件可谓日新月异、千姿百态。

改革开放以来，中国一直扮演着一个赶超型发展中大国的角色。我们不仅要在工业 3.0 基础上迈向工业 4.0，同时还要补上工业 2.0 方面的课。在此过程中，大众创业、万众创新以其广泛的参与性和渗透性，在基本经济运作层面推动了不同发展阶段、不同技术水平和不同商业模式的融合。现在，中国有 9 亿多劳动力，各类高校在校人数超过 3500 万，每年有 700 多万的高校毕业生，这其中蕴藏着巨大的知识和创新能量。

推进大众创业、万众创新是推进新一轮科技革命和产业变革的有效途径，也是我国在经济发展新常态下稳增长、促改革、调结构、惠民生、打造经济发展新动能的重要引擎。"互联网＋大众创业、万众创新＋中国制造 2025"等将在中国催生一场"新产业革命"，使中国自身的比较优势和潜力得到充分发挥。

三、以更加有力的措施推动大众创业、万众创新取得新发展

近年来，我国大众创新创业蓬勃发展，特别是科技人员的创新创业积极性显著增强。大众创业、万众创新正在融入经济发展各领域，成为发展的新动能。据统计，当前全国各类已备案众创空间约 500 家，与现有 600 多家国家级科技企业孵化器、加速器，14 个国家自主创新示范区和 146 个国家高新区，共同形成完整的创业服务链条和良好的创新生态。在"十三五"期间，进一步推动大众创业、万众创新横向

发展和纵向拓向拓展，必须构建良好的创新创业生态环境，加强创新创业综合载体建设，完善高效便捷服务体系，形成有利于创新创业的良好氛围。

一是建设服务实体经济的创业孵化体系。要推进众创空间向专业化、细分化方向发展，形成以龙头骨干企业为核心、高等院校和科研机构积极参与、辐射带动中小微企业成长发展的产业创新生态。发展集科技示范、技术集成、融资孵化、创新创业、平台服务等为一体的"星创天地"，营造专业化、社会化、便捷化的农村科技创业服务环境。完善创业孵化服务链条，充分发挥大学科技园、科技企业孵化器在大学生创业中的载体作用。

二是健全支持科技创新创业的金融体系。要发挥金融创新对创新创业的重要助推作用，着力发展创业投资和多层次资本市场，支持创新创业企业进入资本市场融资，获取发展资金。完善科技和金融相结合的机制，深化促进科技和金融结合试点建设，建立从实验研究、中试到生产的全过程、多元化和差异性的科技创新融资模式，鼓励和引导金融机构参与产学研合作创新。

三是全面提升面向创新创业的科技服务能力。要围绕创新链完善服务链，着力发展专业科技服务和综合科技服务。重点发展研究开发、技术转移、检验检测认证、创业孵化、知识产权、科技咨询等产业，建立统一开放的技术交易市场体系，打造创新创业公共服务网络，加大信息开放和共享力度。

第四节 在全面深化改革中加快各领域创新

正因为创新是改革的精神基因和发展的动力之源，所以在创新、改革与发展之间便自然形成了一种链接关系与递进力量。这就要求我们在实践中必须自觉认同和确立创新的先导性功能与带领作用，一方面，要切实地把创新精神贯穿于社会实践的全过程，自觉做到用创新精神引领实践、驱动实践、验证实践、发展实践，另一方面，又要在实践中不断地观照创新精神、倡扬创新精神、提升创新精神、优化创新精神，将创新精神有效地落实到创新能力与创新成果上，使创新不断地结出硕果，转化为经济效能和社会效益。

创新发展蕴含了全面深化改革的正确方向。道路和方向至关重要，决定着我国社会主义改革的成败。近40年的经验表明，坚持正确的改革方向是我们取得改革胜利的重要前提条件。作为一项系统工程，全面深化改革是一场深刻的社会变革，关系国家前途、民族命运和人民幸福，不会一蹴而就，更不能一劳永逸。同时，在全面深化改革的现阶段，好改的都改了，剩下的都是硬骨头，我们所遇到的改革阻力和压力前所未有，所面临的改革挑战和困难前所未有。在此情况下，改革向着什么方向推进以及需要运用什么样的理念深化改革，成为全面深化改革所要率先解决的根本性问题。而缓解改革阻力压力、应对改革挑战困难，迫切需要树牢创新意识，不畏风险，不惧艰难，以敢为人先的魄力和毅力推动我国社会主义事业向前发展。同时，

一个真实的创新中国

全面深化改革本身就是一个创新发展的过程，需要凭借极大的政治勇气和超强的政治智慧啃硬骨头、涉险滩。这就要求我们在步入改革深水区之后，要发挥和运用好创新发展的推动作用，凸显其精神层面的强大动力，在准确把握时代脉搏、顺应时代发展潮流中继续开辟中国特色社会主义道路，进而保证全面深化改革沿着正确的道路和方向前进。

创新发展激发着全面深化改革的主体力量。作为人类社会所独有的一项实践活动，改革体现着人们的主观能动性和创造性；在改革实践中孕育出的创新发展，又以思想理念的方式推动着改革不断向纵深发展。同时，改革开放是亿万人民为自己谋幸福的事业，必须坚持尊重人民首创精神，坚持在党的领导下有序推进。为此，我们要深刻领会和大力弘扬创新发展对改革的引领作用，坚决破除影响生产力发展的体制机制弊端，为解放和发展社会生产力扫除障碍，提高人民生活水平；坚决推进政治体制改革稳步开展，保障和扩大人民民主权利，不断丰富人民民主生活；坚决深化文化体制改革，促进文化事业和文化产业良性发展，不断满足人民日益增长的精神文化需求；坚决破除城乡二元结构，健全城乡发展一体化体制机制，确保全体人民共享现代化成果；坚决完善生态文明制度建设，靠制度保护生态环境，不断实现人与自然和谐发展，建设美丽中国……可见，在全面深化改革的过程中弘扬创新发展理念，必须尊重人民首创精神、满足人民群众日益增长的美好生活需要，只有这样才能点燃他们的创新激情、激发创新能力；必须促进社会公平正义、增进人民福祉，只有这样才能调动人民群众参与改革的积极性、主动性和创造性，进而在适应、引领和把握经济

第二章
把创新摆在国家发展全局的核心位置

新常态的过程中依靠广大人民群众全面推进改革。

创新发展优化着全面深化改革的内外环境。随着经济全球化进程的加快，当今世界国与国之间相互联系、相互交往、相互依存的程度空前加深。与此同时，南北差距问题、贸易保护主义、潜在金融风险等因素，又进一步加剧了世界经济发展不平衡不协调不可持续现象。尤其是2008年金融危机以来，世界经济发展的下行态势一直没有得到根本性扭转，各国经济增长乏力、后劲不足。在此背景下，无论是发达国家还是发展中国家，都纷纷加大了对制度和文化等层面的创新力度，希望通过创新来引领本国经济社会发展。深刻分析创新在促进世界经济增长过程中的重要作用和地位，习近平总书记明确指出，世界经济长远发展的动力源自创新。由此引申，一是通过创新能够为各国经济发展寻找到新的增长点，二是通过创新可以为各国参与和引领新技术革命提供新的机遇。经济发展的需要和新科技革命的呼唤，使创新发展成为当今时代的"最强音"。当前，推进全面深化改革，更要遵循创新发展的要求，自觉以创新发展理念为引领，将全面深化改革置于全球范围内加以审视和考察。为此，要通过弘扬创新发展理念不断优化国内外环境，推进我国全面深化改革事业向前发展。

创新发展捍卫着全面深化改革的价值目标。创新发展理念体现着时代的价值诉求，具有强大的价值导向功能。探析全面深化改革的深层奥妙，创新发展实质上构成了全面深化改革的本质属性、内在品格和根本特征。正是从这个意义出发，创新发展与全面深化改革在目标层面具有相通性、相融性。即是说，我们不但要以创新发展为价值指引，更要以创新发展来捍卫全面深化改革的总目标——"完善和发展中国特色社会主义制度、推进国家治理体系和治理能力现代化"。因此，充分发挥创新发展的价值指引与捍卫作用，就要坚定制度自信、推进制度创新，以实现全面深化改革的总目标。习近平总书记指出：没有坚定的制度自信就不可能有全面深化改革的勇气，同样，离开全面深化改革，制度自信也不可能彻底、不可能久远。①可见，制度自信与全面深化改革是相辅相成、相互促进的，正是制度自信与全面深化改革这样一种密切关联的辩证关系，进一步增强了人们坚定制度自信的底气。客观而言，我们在看到中国特色社会主义制度富有成效的同时，也要清醒地看到其需要完善的一面，正视我国社会主义各项具体制度之间、具体制度与发展需要之间存在的不足，并以强大的改革勇气和创新智慧打破传统思维定式和安于现状的局面，解决制约我国经济社会发展的各种体制机制弊端。正是基于这一点，党的十八届三中全会对深化我国经济体制改革、政治体制改革、文化体制改革、社会体制改革、生态文明体制改革及党的建设制度改革所做的富有创新性的部署，正是根据创新发展理念，力图在具体制度层面上完善和发展中国特色社会主义制度，从而捍卫全面深化改革的价值目标。

在实践中，创新成果既有可能是显性的，又有可能是潜在的；既有可能是单向度的，又有可能是综合性的。所以，我们在对创新成果和创新效能进行评判和认知时，必须采取更加多元化和多样化的标准和方式。因为在实施创新的全过程中，我们所追求的效率和效能都应当

---

① 《习近平在省部级主要领导干部学习贯彻十八届三中全会精神全面深化改革专题研讨班开班式上发表重要讲话强调完善和发展中国特色社会主义制度推进国家治理体系和治理能力现代化》，载《人民日报》2014年2月18日。

第二章
把创新摆在国家发展全局的核心位置

是和必须是具有本质意义与实际作用的，特别是要善于发现那些处于潜在状态和呈现多样化面貌的创新形式与创新成果。

在习近平总书记看来，创新不只局限于某一方面或某一领域，而是全方位、全覆盖和全效能的。他在党的十九大报告中指出："世界每时每刻都在发生变化，中国也每时每刻都在发生变化，我们必须在理论上跟上时代，不断认识规律，不断推进理论创新、实践创新、制度创新、文化创新以及其他各方面创新。"也就是说，不仅理论、实践、制度、文化要创新，而且科技、金融、管理、军事、外交等方面和领域也要创新，乃至要让创新贯穿党和国家的一切工作，成为全社会的一致向往与共同追求。创新所具有的这种巨大穿透力和广泛辐射性既要求我们必须对之实现高度社会化，又要求我们必须不断使之趋于高端化。因为只有高端化才会迎来创新成果的丰收季，而只有社会化才是走向高端化的前提与基础。事实上，习近平总书记就正是这样设计和布局的。他指出："实施创新驱动发展战略，最根本的是要增强自主创新能力，最紧迫的是要破除体制机制障碍，最大限度解放和激发科技作为第一生产力所蕴藏的巨大潜能。"①而面向未来，增强自主创新能力的关键枢机所在，就正是要"坚定不移地走中国特色自主创新道路，坚持自主创新、重点跨越、支撑发展、引领未来的方针，加快创新型国家建设步伐"②。他还特别指出："我国科技发展的方向就是创新、创新、再创新。要高度重视原始性专业基础理论突破，加强科学基础设施建设，

---

① 习近平:《在中国科学院第十七次院士大会、中国工程院第十二次院士大会上的讲话》(2014年6月9日)，载《人民日报》2014年6月10日。
② 习近平:《在中国科学院第十七次院士大会、中国工程院第十二次院士大会上的讲话》(2014年6月9日)，载《人民日报》2014年6月10日。

一个真实的创新中国

保证基础性、系统性、前沿性技术研究和技术研发持续推进，强化自主创新成果的源头供给。"①

科学技术作为第一生产力，自然是推动我国经济社会发展的重点领域和前沿阵地。但创新又同时具有广义性和全域性，它必定要渗透和体现在各条战线和各个方面。比如，为了增强国家软实力和提升精神境界、淳化社会风气、强化社会主义核心价值观的导向性与凝聚力，就需要持续进行文化创新。2013年8月19日至20日，习近平总书记在全国宣传思想工作会议上讲话指出，宣传思想工作创新，重点要抓好理念创新、手段创新、基层工作创新，努力以思想认识新飞跃打开工作新局面，积极探索有利于破解工作难题的新举措新办法，把创新的重心放在基层一线。②2014年10月15日，他在文艺工作座谈会上的讲话中指出，创新是文艺的生命。文艺创作是观念和手段相结合、内容和形式相融合的深度创新，是各种艺术要素和技术要素的集成，是胸怀和创意的对接。要把创新精神贯穿文艺创作生产全过程，增强文艺原创能力。③2015年12月25日，他在视察解放军报社时的讲话中指出，对新闻媒体来说，内容创新、形式创新、手段创新都重要，但内容创新是根本的。④在党的十九大报告中，他又强调："高度重视传播手段

---

① 习近平：《在中国科学院第十七次院士大会、中国工程院第十二次院士大会上的讲话》（2014年6月9日），载《人民日报》2014年6月10日。
② 《习近平在全国宣传思想工作会议上强调胸怀大局把握大势着眼大事努力把宣传思想工作做得更好》，载《人民日报》2013年8月21日。
③ 习近平：《在文艺工作座谈会上的讲话》（2014年10月15日），载《人民日报》2015年10月15日。
④ 《习近平在视察解放军报社时强调坚持军报姓党坚持强军为本坚持创新为要为实现中国梦强军梦提供思想舆论支持》，载《人民日报》2015年12月27日。

第二章 ★★★
把创新摆在国家发展全局的核心位置

建设和创新，提高新闻舆论传播力、引导力、影响力、公信力。""健全现代文化产业体系和市场体系，创新生产经营机制，完善文化经济政策，培育新型文化业态。""推动中华优秀传统文化创造性转化、创新性发展。"又如，为了贯彻新时代强军思想和实现强军目标，就必须呼唤推进军民融合深度发展，大力开展军民协调创新。针对国防和军队现代化的创新问题，习近平总书记强调创新能力就是军队的核心竞争力，而人才则是有效实现创新的核心要素。他指出："我军必须高度重视战略前沿技术发展，通过自主创新掌握主动，见之于未萌，识之于未发，下好先手棋，打好主动仗。"他还说，创新能力不仅是一支军队的核心竞争力，而且"也是生成和提高战斗力的加速器"。因此，要从根本上解决制约我军建设和改革的突出矛盾，就迫切要求以创新的思路办法攻坚破难。这便要求各级领导都要"带头解放思想、实事求是、与时俱进、推进创新、支持创新、引导创新，实现国防和军队建设更高质量、更高效益、更可持续发展"。对此，党的十九大报告中强调："树立科技是核心战斗力的思想，推进重大技术创新、自主创新，加强军事人才培养体系建设，建设创新型人民军队。"此外，为了增强全要素生产率对我国经济增长的贡献份额，习近平总书记强调必须坚持进行经济和金融创新。他在党的十九大报告中还指出："创新和完善宏观调控，发挥国家发展规划的战略导向作用，健全财政、货币、产业、区域等经济政策协调机制。"为了提高党的执政能力和领导水平，习近平总书记在党的十九大报告中也强调要"推进党的基层组织设置和活动方式创新""坚持战略思维、创新思维、辩证思维、法治思维、底线思维""创新群众工作体制机制和方式方法"等。

一个真实的创新中国

中国特色社会主义进入新时代,创新发展已经渗透到经济社会的各个领域和百姓生活的方方面面。把创新发展放在国家发展全局的核心位置,发挥创新作为引领发展第一动力的功能作用,归根到底要依靠上下同心和全社会一起努力。

第三章
牢固树立创新发展理念

党的十八届五中全会明确了"十三五"时期我国经济社会发展的指导思想和基本原则，鲜明提出了创新、协调、绿色、开放、共享的发展理念，并把创新提到新发展理念之首。在党的十九大报告中，习近平总书记再次强调："发展是解决我国一切问题的基础和关键，发展必须是科学发展，必须坚定不移贯彻创新、协调、绿色、开放、共享的发展理念。"这是党中央全面分析国际国内形势、立足中国社会主义现代化建设全局作出的重大战略抉择，体现了党对创新发展的高度关注，包含了对创新发展内在价值原则的领悟与弘扬，具有重大而深远的意义。

第一节　创新发展注重的是解决发展动力问题

创新带来的技术进步与产业升级，不仅深刻改变人类生产生活、推动社会发展进步，而且奠定一个国家综合国力和国际竞争力的基础。当前，我国改革开放深入发展和经济发展进入新常态所面临的一个突出问题，就是发展质量和效益还不高，创新能力不够强。在推进全面深化改革的过程中，迫切需要用创新发展及其内在的价值理念来激励人们投身我国社会主义改革的伟业之中。提出创新发展理念，这是对创新在我国经济社会发展中的重要地位和作用的高度概括，顺应了当今世界发展潮流，深化了我们党对发展规律的认识，进一步指明了我国发展的方向和要求。

一、倡导并树立创新发展理念，抓住了谋划未来发展的关键

科学发生与发展并非完全出自人的好奇心，它从一开始就是由社会生产所决定的。恩格斯早就指出："社会一旦有技术上的需要，这种需要就会比十所大学更能把科学推向前进。"因此，科技创新必须同经济和社会发展紧密结合起来，才能具有强大的生命力，并显示出巨大的威力。中华人民共和国成立后，创新在国家发展中的作用得到中央高度重视。20世纪50年代制定的十二年科技发展规划，为新中国科技事业发展和"两弹一星"的成功奠定了基础。改革开放以来，从提出"科学技术是第一生产力"到实施科教兴国战略、自主创新战略，再到实施创新驱动发展战略，无不体现了党中央对科技创新重要作用的深刻认识、对国际国内发展形势的准确把握。

中华人民共和国成立以来，在党的领导下，经过几代科技工作者的艰苦努力，我国科技创新能力显著增强，科研体系日益完备，整体水平正处于从量的增长向质的提升的跃升期。在基础科学、前沿科学和战略高技术领域，我们取得了一批具有国际影响力的重大研究成果。

企业创新能力快速提升，发明专利授权量跃居世界第二，其中企业申请占60%以上。产业的技术含量不断提升，以高速铁路、核电、第四代移动通信、特高压输变电为代表的一系列重大技术取得突破，带动我国产品和装备走向世界。我国所拥有的巨大市场规模、完备产业体系、多样化消费需求，与移动智能时代创新效率提升相结合，为技术、产品和产业创新提供了广阔空间，从而为我国创新驱动提供了动力转换、发力加速的基础。

创新发展体现了当今世界潮流的新走向和当代中国发展的新要求，这是由追赶型发展向引领型发展实现转变的重要标志和根本途径。习近平总书记紧密结合改革发展的实际情况和实际需要，不断提出充分发挥创新引领作用与驱动功能的新思想新论断新举措，在将创新提升到治国理政理念要略的同时，更是通过一系列的政策措施，使创新在社会实践中成为社会大众的一种共同认知与自觉追求，乃至形成人人参与、人人尽力、人人享有，大众创业、万众创新的新气象与新格局，全方位向创新要效益，以创新促发展。中国特色社会主义进入新时代，我们面对新的现实挑战，解决这些新挑战，需要有新理念、新战略。今天的中国比历史上任何时候都更加需要确立创新发展理念、实施创新驱动发展战略，这是关系我国发展全局的重大抉择。

从国际发展形势看，新一轮科技革命蓄势待发，一些重大颠覆性技术创新正在创造新产业新业态，这为中国创新发展提供了难得的历史机遇。在世界近代史上，中国曾领先于全球，但之后却屡次与科技革命失之交臂，留下惨痛历史教训，令人扼腕叹息。今天，中国在科技创新领域的巨大进展，使我们具备了参与和引领新一轮科技革命和产业变革的潜力。机不可失,时不再来,历史给我们又一次提供了追赶和超越的机会,我们决不能丧失这样的重大发展机遇。

从国内发展形势看,随着中国经济发展进入新常态,经济下行的压力加大,国内的市场需求、产业结构、供给能力等都发生了深刻变化,迫切需要依靠创新推进供给侧结构性改革,以提高供给体系的质量和效率,加快培育新的发展动能,推动社会生产力水平实现整体跃升。创新已经成为加快转变经济发展方式、推进结构调整和产业升级的关键。同时也要看到,我国的科技储备还有待加强,高端创新人才仍然十分急缺,关键核心技术受制于人的局面仍未得到根本解决,许多产业还处于全球价值链的中低端,制约创新发展的思想观念和深层次体制机制的障碍迫切需要革除。

正是在这样的重大关头,以习近平同志为核心的党中央审时度势,把创新在国家发展中的地位提升到了新的高度。党的十八届五中全会对贯彻落实创新、协调、绿色、开放、共享的新发展理念作了全面阐述和系统部署。其中,有关创新发展的论述视野高远、内涵丰富:"十三五"时期"以提高发展质量和效益为中心""必须把创新摆在国家发展全局的核心位置""塑造更多依靠创新驱动、更多发挥先发优势的引领型发展""发挥科技创新在全面创新中的引领作用"。这样,中心决定核心,核心要求先发,先发实现引领,逻辑上紧密衔接、环环相扣,形成了"创新是引领发展的第一动力"的实践链条和逻辑体系,进一步丰富了"创新是引领发展的第一动力"的科学内涵,必将有力推动我国发展全局的深刻变革。由此可见,深刻理解、贯彻落实创新发展理念,关键是发挥科技创新在全面创新中的引领作用。在党的十九大报告中,习近平总书记还强调:"要瞄准世界科技前沿,强化基础研究,实现前瞻性基础研究、引领性原创成果重大突破。加强应用基础研究,拓展实施国家重大科技项目,突出关键共性技术、前沿引领技术、现代工程技术、颠覆性技术创新,为建设科技强国、质量强国、航天强国、网络强国、交通强国、数字中国、智慧社会提供有力支撑。"

二、科技创新是引领经济新常态的"第一动力"

适应新常态、把握新常态、引领新常态,必须牢牢抓住转变经济发展方式这个主要矛盾。而由主要依靠要素驱动转为主要依靠创新驱动,由粗放型发展转为集约型发展,最根本的还是要依靠科技创新。

科技创新之所以能够成为转变经济发展方式、引领经济新常态的"第一动力",根本原因在于生产力决定生产关系,经济基础决定上层建筑,而科技又是第一生产力。具体说来,我们可以将科技看作是先进生产力的基因、提高经济质量和效益的引擎、转变生产方式和交换方式的芯片、创造新资源新要素的母机、提高全要素生产率的酵母、优化生态环境的杠杆,科技创新能够释放新需求、创造新供给。因此,习近平总书记将科技创新的地位和作用提升为引领经济社会发展的"第一动力",在当前也就是引领经济新常态的"第一动力"。

当今世界,各国在科技创新和产业变革上的竞争日趋激烈,科技呈现加速发展的态势。一国生产力先进与否,不仅要看该国经济总量大小,更要看其科技水平高低。比如,以色列是一个小国,但由于科技先进,经济竞争力长期位居世界前列。而美国能够长期在世界上占据超强地位，除了经济实力强大，更重要的是拥有先进的科技手段，科技创新的能力十分强大。从我国国内来看，不同地区的发展存在着较大差异，除了资源禀赋的不同，在相邻和相近的区域，哪个地方突出科技引领，哪个地方发展就快、竞争力就强。由此说来，我国要在总体上赶上时代潮流，就必须依靠制度的优越性加上科技创新来实现发展跨越和竞争力提升。这是大势所趋，也是客观规律使然。2014年5月，习近平总书记在河南考察时的讲话中指出，一个地方、一个企业，要突破发展瓶颈、解决深层次矛盾和问题，根本出路在于创新，关键要靠科技力量。要加快构建以企业为主体、市场为导向、产学研相结合的技术创新体系，加强创新人才队伍建设，搭建创新服务平台，推动科技和经济紧密结合，努力实现优势领域、共性技术、关键技术的重大突破，推动中国制造向中国创造转变、中国速度向中国质量转变、中国产品向中国品牌转变。①

作为引领发展的第一动力，创新不仅是经济增长的强大推进器，还是推动协调、绿色、开放、共享发展的高效动力源。促进城乡区域、经济社会、物质文明和精神文明等的协调发展，既需要通过理论创新去分析和把握发展不协调的问题及其背后的体制机制原因，也需要通过制度创新有针对性地解决问题。绿色发展、保护环境是全社会的重大关切，但环境问题的解决在很大程度上受到经济发展方式粗放、技术手段落后等因素的制约。只有在加大环境监管的同时，大力推进技术创新和成果转化，才能让绿色发展蔚然成风。开放发展与创新发展

---

① 《习近平在河南考察时强调深化改革发挥优势创新思路统筹兼顾确保经济持续健康发展社会和谐稳定》，载《人民日报》2014年5月11日。

也是紧密相关的。一方面，创新发展要求扩大开放，不能闭门造车，闭目塞听；另一方面，缺少创新支撑的开放就等于在激烈的竞争中把国家和民族的利益拱手让人。同样，共享发展也高度依赖创新发展。实现共享发展，既需要通过技术创新提高劳动生产率，不断把"蛋糕"做大；也需要依靠制度创新把"蛋糕"分好，使全体人民能够公平共享改革发展成果。可以说，在新发展理念之中，创新发展需要协调、绿色、开放、共享发展的整体实施来落实；同时，协调、绿色、开放、共享发展也需要创新发展来高效推动。

三、牢牢把握产业革命大趋势，努力为经济社会发展提供新动力、拓展新空间

当前，世界范围正在兴起的新一轮科技革命和产业变革与我国加快转变经济发展方式形成了历史性交汇，科技创新的链条更加精巧，技术更新和成果转化更加快捷，产业更新换代也在不断加快，任何一个领域的重大科技突破都不可避免地会为世界发展注入新的活力、引发新的产业变革和社会变革。牢牢把握产业革命大趋势，习近平总书记深刻指出，我国创新能力不强，科技发展水平总体不高，科技对经济社会发展的支撑能力不足，科技对经济增长的贡献率远低于发达国家水平，这是我国这个经济大个头的"阿喀琉斯之踵"。[①]

如何提高我国创新能力和科技对经济增长的贡献率，有效应对"阿

---

① 习近平：《在党的十八届五中全会第二次全体会议上的讲话（节选）》（2015年10月29日），载《求是》2016年第1期。

喀琉斯之踵"？习近平总书记进行了系统分析，作出了一系列深刻阐述，包括要深入实施创新驱动发展战略，推动科技创新、产业创新、企业创新、市场创新、产品创新、业态创新、管理创新等，加快形成以创新为主要引领和支撑的经济体系和发展模式。要从实际出发，着眼全球产业发展和变革大势，紧紧瞄准世界产业发展的制高点，加强行业共性基础技术的研究，努力突破制约产业优化升级的关键核心技术，为我国加快转变经济发展方式和调整产业结构提供有力支撑。要以培育具有核心竞争力的主导产业为主攻方向，发展科技含量高、市场竞争力强、带动作用大、经济效益好的战略性新兴产业，把科技创新落实到产业发展上。要坚持科技面向经济社会发展的导向，围绕产业链部署创新链，围绕创新链完善资金链，消除科技创新中的"孤岛现象"，通过破除制约科技成果转移扩散的障碍，提升国家创新体系整体效能，打通从科技强到产业强、经济强、国家强的通道。

　　我们要按照习近平总书记提出的要求，大力深化科技体制改革，着力清除各种有形的和无形的栅栏，打破各种壁垒和围墙，克服科技成果向现实生产力转化不力不顺不畅的顽疾，推动科技与经济深度融合。要积极引导科研人员面向国民经济主战场，把科技创新成果转化为实实在在的产业活动，转化为经济社会发展第一推动力，而不是仅仅把科技创新成果填在表格里、发表在杂志上、落在经费上。此外，要切实发挥好科技创新在全面创新中的引领作用，推动科研院所、高等院校和企业深度合作，组建产业技术创新联盟，统筹全创新链协同攻关，促进技术、人才、资金等创新要素的合理流动，从而有效提高整体支撑和持续引领产业发展的能力，大幅提升科技进步对经济社会发展的

第三章
牢固树立创新发展理念

贡献率，为供给侧结构性改革和适应引领经济发展新常态注入强大动力。

第二节　抓创新就是抓发展，谋创新就是谋未来

重视科技在人类社会发展中的历史作用，是马克思主义的一个基本观点。习近平总书记在战略定位上，始终强调科技创新是提高社会生产力和综合国力的战略支撑。他指出，科技兴则民族兴，科技强则国家强。[①]科技是国家强盛之基，创新是民族进步之魂，科技创新越来越成为发展生产力的重要基础和标志，越来越决定着一个国家、一个民族的发展进程。

一、科学技术越来越成为推动经济社会发展的主要力量，创新驱动是大势所趋

习近平总书记在参加十二届全国人大三次会议上海代表团审议时强调：创新是引领发展的第一动力。抓创新就是抓发展，谋创新就是谋未来。适应和引领我国经济发展新常态，关键是要依靠科技创新转换发展动力。[②]这一重要论述，是把握世界科技发展大势、科学研判我

---

① 《习近平在中共中央政治局第九次集体学习时强调敏锐把握世界科技创新发展趋势切实把创新驱动发展战略实施好》，载《人民日报》2013年10月2日。
② 《习近平在参加上海代表团审议时强调当好改革开放排头兵创新发展先行者为构建开放型经济新体制探索新路》，载《人民日报》2015年3月6日。

一个真实的创新中国

国经济发展新常态所作出的重大判断,是我们党对科技创新作用的新认识,对于在经济发展中进一步发挥科技创新的重大作用,更好地实施创新驱动发展战略,建设创新型国家,为全面建成小康社会提供强有力的支撑,具有重要的现实意义。

全面建成小康社会,建成富强民主文明和谐的社会主义现代化强国,并在此基础上实现中华民族伟大复兴,从根本上说是发展问题,必须以创新为引领、以科技为引擎,向科技要效益、向创新要动力,依靠科技创新推动发展。就国内而言,当前,我国经济发展进入新常态,表面上看起来是经济增长减速换挡,但从本质上看,则是发展动力的转换和重塑。按照经济发展规律,在投资增速放缓和效率有所下降的情况下,要想使经济增长找到新的源泉,没有别的办法,只有依靠技术进步和创新,有效提高全要素生产率。面对我国依靠生产要素大规模、高强度投入支撑经济发展已经难以为继的新情况,必须主动选择依靠科技进步和创新推动经济社会发展。只有加快转变经济发展方式,从"要素驱动""投资驱动"转向"创新驱动",实现由主要依靠增加物质资源消耗向主要依靠科技进步、劳动者素质提高、管理创新的转变,才能形成使经济保持中高速增长和迈向中高端水平的新动力。

具体地说,我国经济发展进入新常态,是党的十八大以来以习近平同志为核心的党中央综合分析世界经济长周期和我国发展阶段性特征及其相互作用作出的重大战略判断,是对当前我国经济发展阶段性变化特征的概括性表述。经济发展新常态的主要特点是:增长速度从高速转向中高速,发展方式从规模速度型转向质量效率型,发展动力从主要依靠资源和低成本劳动力等要素投入转向创新驱动。新常态的直接表现是经济增速换挡,本质是发展方式转变、结构调整和动力转换。

在经济发展新常态下,我国的发展面临如下重要节点:一是速度换挡节点。从1978年到2011年,我国国内生产总值总体平均增速保持在了两位数,2012年以后则有了相对较为明显的下降。其后的2012年到2017年上半年,国内生产总值的平均增速已降至约7%,表明我国经济已步入新的运行轨道,有了不同于以往的速度特征,即增长速度从高速转向中高速。

二是结构调整节点。在增速进入换挡期后,我国经济结构调整也步入了关键阶段,经济结构总体上从增量扩能为主转向调整存量、做优增量并举,进而具体到产业结构、技术结构、城乡结构、分配结构等都需要进行调整和优化。以产业结构为例,近些年来,钢铁、电力和汽车等传统制造部门经历了"井喷式"扩张后,生产能力已逐步接近极限规模,单单再靠规模扩张已经走不下去,需要集中消化过剩产能;而节能环保、新一代信息技术、生物、高端装备制造产业等代表未来制造业发展方向的新兴产业,则需要进一步发展壮大。

三是动力转换节点。经济发展有着自己的内在逻辑,伴随经济发展水平的提高,发展方式必然要从规模速度型转向质量效率型。如果说在经济发展刚刚起步的高速增长时期,经济增长主要依靠生产能力的规模扩张,即"铺摊子",那么在进入经济增速换挡期后,规模扩张的刺激作用已大大衰减,增长动力必须转向质量提升,即"上档次"。以知识包括科技和管理创新为主体的"全要素生产率",对今后经济发展的贡献应明显提高。

从经济社会发展的历史进程来看,新状态、新格局、新阶段总是在不断形成，又是在不断发生变化。经济发展新常态是这个长过程之中的一个阶段，是我国经济向形态更高级、分工更优化、结构更合理的阶段演进的必经过程。国际经验表明，这个过程并不是自然发生的。在1960年被世界银行列为中等收入国家的101个经济体中，截至2008年时，只有13个成功进入高收入国家行列，成功跨越的概率不到13%。只有那些在这个过程中顺应时代潮流，大力推进以经济转型为核心的制度创新，促进要素驱动向创新驱动转变的经济体，才能成功迈入高收入国家和地区行列。

习近平总书记2016年5月在黑龙江考察调研时指出，当前，我国经济发展正处在转方式调结构的紧要关口，既是爬坡过坎的攻坚期，也是大有作为的窗口期。① 深入推进供给侧结构性改革，主动有为地调整落后、僵化的生产关系，以适应不断发展变化的生产力，既是中国能否爬上坡、越过坎的关键，也是中华民族能否再次抓住机遇、在世界舞台大有作为的根本保障。

从国际上看，进入21世纪以来，新一轮科技革命和产业变革正在孕育兴起，全球科技创新呈现出新的发展态势和特征。概括起来说，就是学科交叉融合加速，新兴学科不断涌现，前沿领域不断延伸，信息技术、生物技术、新材料技术、新能源技术广泛渗透，科技创新链条更加灵巧，技术更新和成果转化更加快捷，产业更新换代不断加快。在科技创新发展的这种新趋势面前，谁能在科技创新方面占据优势，谁也就能够在激烈的综合国力竞争中占据更有利的战略地位。当前，

---

① 《习近平在黑龙江考察调研时强调深化改革开放优化发展环境闯出老工业基地振兴发展新路》，载《人民日报》2016年5月26日。

世界主要国家都在积极寻找科技创新的突破口,以抢占未来经济科技发展的先机。对于我国来说,能否在未来发展中后来居上、弯道超车,主要就看我们能否在创新驱动发展上迈出实实在在的步伐。只有把科技创新真正置于优先发展的战略地位,抢抓机遇、奋起直追,我们才能在这场科技创新的大赛场上赢得发展的"先机"和主动权,从而顺利实现全面建成小康社会的宏伟目标。

在2016年的G20杭州峰会上,确立了"创新、活力、联动、包容"的主题。中国正在用创新发展事实向世界证明,彻底摆脱全球经济低迷增长的困境,各国都应当致力于创新发展。2008年国际金融危机爆发后,G20国家在紧急情况下制定了大量刺激性货币政策,在救助经济危机、防止经济崩溃等宏观经济稳定方面均取得了较好效果。但直至2016年底,全球经济复苏仍然缺乏足够的动力和支撑力,不同国家之间经济分化随着危机的蔓延更趋明显。认真观察和分析,可以发现,造成分化的主要原因在于各国经济创新发展的质量、进程存在较大分化和差距。

从发达经济体看,美国与德国经济恢复表现较好,究其原因是受益于经济创新发展的推动。德国的经济增长率近年来一直领先于整个欧元区,是名副其实的欧盟经济火车头,就是因为德国多年来始终致力于经济尤其是工业经济的转型升级。早在2010年,德国政府就发布了《思想·创新·增长——德国2020高技术战略》报告,提出"工业4.0"发展战略,力图通过信息技术和物理世界的创新性结合,实现第四次工业革命,保持德国工业在全球的领先地位。与之相比,日本、法国经济受制于国内原有财税、社会制度和政策约束,在全球创新性产品

一个真实的创新中国

技术发展方面滞后于美国、德国、韩国等发达经济体，近年来经济恢复一直徘徊在零左右的衰退边缘。而英国经济由于较早转向以金融、商业、教育服务业为主的第三产业，并且为保持全球金融业中心地位，英国突破原有金融格局，积极创新金融机构和各类金融产品，大力拓展与中国、俄罗斯等新兴国家的金融业务范围，其原有国际地位得到了较好的巩固。

从新兴国家看，2010年以来，印度和中国作为两个最大的发展中国家，都在着力布局21世纪全球战略性新兴产业，正沿着创新性经济方向稳步发展。印度莫迪新政府成立后，将经济发展战略重点从服务业转向制造业，依托其较高水平的信息产业，不断向制造业延伸，提出"印度制造"（Make in India）计划，将经济改革聚焦于加强基础设施建设、加快制造业发展和改善外商投资环境等三大重点领域，取得了显著效果，2014年和2015年均实现了7.3%的经济增长率，在G20国家中处于最快位置。中国则依托强大的制造业基础，通过运用信息、互联网技术对传统工业和商业服务业进行改造、升级、引领，推动以"中国制造2025"为核心的创新经济发展，在2014年和2015年也分别实现了7.3%和6.9%的较高增长率。

新兴国家中的俄罗斯、巴西、沙特阿拉伯等G20国家，经济发展长期依赖原料工业，由于基础性工业发展滞后，导致装备制造业等国计民生重点产业发展缓慢，在新一轮全球信息化浪潮和工业革命到来之际，缺乏促进工业与信息化结合发展、融合推进的技术、装备、人才和研发体系，造成新兴产业创新发展整体性滞后于美国、德国、中国、韩国和印度等国家。近年来，在世界大宗原料经济黄金周期结束后，受制于全球石油天然气、铁矿石等原材料产能过剩和需求增长下降等因素，这些新兴国家普遍出现较为严重的经济失速，跌入衰退周期。在 2014 年和 2015 年，巴西经济增长率只有 0.6%、0.5%，俄罗斯经济增长率是 –3.7%、–3.8%，沙特的经济增长率也从 5% 下滑至 2%。

中国推进供给侧结构性改革在目前遇到较多困难，但互联网经济、战略新兴产业等新经济业态保持了 15%~20% 的增速，这一高速蓬勃发展的事实，以及中国跻身全球创新经济体前 25 强，充分表明中国创新驱动发展战略是卓有成效的。杭州 G20 峰会确立以"创新"等为首的发展主题，反映出创新发展对于各国经济增长的重要意义。

转换、厚植、增强发展动力，可以多措并举，但核心在创新。把创新摆在第一位，也就抓住了牵动经济发展全局的总枢纽。近年来，无人机、智能驾驶汽车、智能机器人、VR（虚拟现实）设备等高科技产品不断涌现并快速发展，人工智能的大幕徐徐拉开，使得人们的生产生活悄然发生嬗变，被称之为"第四次工业革命"。这次工业革命是一场以智能化为核心，以人工智能、物联网等技术为代表的新工业革命。经济学家认为，第四次工业革命的新技术会推动产业革命，使生产效率大幅提升，给社会发展带来深刻变化。世界经济论坛创始人兼执行主席克劳斯·施瓦布在其著作《第四次工业革命》中，把无人交通工具（自动驾驶汽车和无人机）、3D 打印、高级机器人、新材料、物联网与基因工程列为核心推动技术。他认为，现在中国在无人机、互联网、云计算、生物医药、分享经济等方面有许多领先世界的科技成果，这些将成为中国经济前行的重要驱动力。

事实上，智能化改造升级的确会让企业的生产效率大幅提升，降低生产成本，形成新的经济增长点。据统计，2017年前5个月，我国战略性新兴产业重点行业主营业务收入同比增长13.3%，其中新能源发电、医药制造、电子测量仪器行业利润率分别达32.1%、10.7%和10.1%；5月份，高技术产业和装备制造业增加值同比分别增长11.3%和10.3%。随着"中国制造2025"的实施，"中国制造"正在向"中国智造""中国创造"转变，在世界经济舞台上走出了一条从模仿、追随到引领的发展轨迹。国际管理咨询机构埃森哲发布的最新报告称，通过转变工作方式以及开拓新的价值和增长源，到2035年时，人工智能有望拉动中国经济年增长率明显提升，推动中国劳动生产率提高27%。

只有在创新中寻找出路，敢于创新、勇于变革，才能突破经济增长和发展的瓶颈，成为新工业革命的引领者。面对当前我国关键核心技术掌握不足、处于价值链中低端等困境，应着力完善创新链条，促进产学研协同创新，解决重大共性技术难题，加快创新成果向现实生产力转化。同时，还要继续深化"放管服"改革，发挥企业创新主体作用，加强知识产权保护，完善人才激励政策，优化创新环境，让创新活力竞相迸发。

二、创新是永无止境的过程，必须持续协调推进

实践永无止境，创新不能停顿。习近平总书记从战略全局高度，阐明了创新发展的丰富内涵和实施路径，为我们破解发展难题、厚植发展优势，提供了思想和行动指南。

在创新内容上，要综合统筹推进理论、实践、制度、文化、科技和

和其他各方面创新。创新不是某一个方面或某一个领域的单项活动，而是一个庞大的系统工程，涉及生产力、生产关系的全要素、全系统、全方位变革。为此，必须通过全面深化改革，推进各方面创新，切实始终把改革创新精神贯彻到治国理政各个环节。要从创新的全局性、系统性、整体性出发，把创新理念贯穿到经济社会发展的各个领域。要通过实践基础上的理论创新把握人类社会现代化发展规律，用创新理论指导经济社会建设的实践；要通过制度创新，建构适合创新发展的体制机制，完善中国特色社会主义制度体系；要通过文化创新，推动中国特色社会主义文化大繁荣大发展，为各类创新提供精神动力；要通过科技创新赢得全球科技竞争优势，为经济建设提供原动力。

在创新的途径方面，要勇于破除制约创新的思想障碍和制度藩篱，以改革开放推进体制机制创新，加快建立健全国家创新体系。必须牢牢抓住创新发展的着力点，下大力培育发展新动力、拓展发展新空间、深入实施创新驱动发展新战略、推进农业现代化、构建产业新体系、构建发展新体制、创新和完善宏观调控方式。要紧盯我国科技发展的短板和薄弱环节，在增强自主创新能力上下更大功夫，瞄准世界科技前沿，制定关系全局和长远发展的战略规划，实现科技创新的跨越式发展；要大力促进科技创新与理论创新、实践创新、制度创新、文化创新等的持续发展和全面融合，密切科技创新和经济社会发展之间的双向互动关系；要坚持全球视野，紧跟世界科技发展潮流，充分借鉴其他国家的有益经验，统筹国内国外两个市场、两种资源，全面提升国际科技合作水平和创新能力。

在创新主体方面，要大力培养和造就更多创新型优秀人才，形成规模宏大的人才队伍。创新的关键在人才，创新驱动的实质是人才驱动。要高度重视人才，始终把人才作为创新的第一资源，围绕创新重点，打造一支规模宏大、实力雄厚、富有创新精神的创新型人才队伍；要坚持人才引进和自行培养相结合，实施更加积极的创新人才引进政策，同时加大对一线创新人才和青年科技人才的培养；要改革科研评价和奖励制度，健全人才流动机制，赋予优秀创新人才更大自主权和平台空间，为科研人员营造更加宽松的科研环境；要改革创新型人才教育模式，把激发创造力摆在更加重要的地位，全面提高人才培养质量。

在创新的环境方面，要让创新在全社会蔚然成风。党中央提出实行大众创业、万众创新，就是要让创新成为全社会的思想共识和一致行动，让一切劳动、知识、技术、管理、资本的活力竞相迸发，释放巨大的创新潜能。要加大创新意识的培养和塑造，积极倡导敢为人先的创新自信，让创新成为全社会的一种价值导向、一种生活方式、一种时代气息。要强化创新的法制保障，使创新走上法治化轨道，培育公平、开放、透明的市场环境，建立健全激励创新的体制机制，营造鼓励创新的良好生态，增强各类市场主体的创新动力；要大力推动大众创业、万众创新，加速形成人人崇尚创新、人人希望创新、人人皆可创新的社会氛围，让每个有创新意愿和创新能力的人都有机会和空间实现自己的创新创业梦想。

在创新的领导机制方面，要"让创新贯穿党和国家一切工作"。要在政策制定、制度安排和资源配置中，优先考虑创新，把创新作为最重要的战略资源；要处理好政府和市场的关系，冲破系统封闭，优化资源配置，强化创新机制的开放性，打破"条块分割"的行政管理结构，推动科技和经济社会发展深度融合；要进行投融资体制、产权制度、收入分配制度等的体制机制改革，构建有利于促进创新的体制框架；要积极引导社会资源投入创新，在加大政府财政资金投入的同时，走市场化道路，吸引金融资本和社会资本多方投入，解决创新创业所需的物质基础。

第三节　必须把发展基点放在创新上

经过近40年的快速发展，我国经济总量已跃居全球第二，但总体上看，经济规模大而不强、经济增长快而不优的局面还未根本改观。新世纪以来，劳动力成本逐步上涨、资源环境约束日益加剧、投资边际效率递减，我国传统的要素驱动型经济发展模式已无法继续下去。面对国内外发展环境的深刻变化，要在国际竞争日趋激烈、我国发展动力转换的新形势下赢得主动，必须把发展基点放在创新上，形成促进创新的新体制，培育支撑经济持续健康发展的新动力，打造依靠创新驱动的引领型发展新模式。2016年1月18日，在省部级主要领导干部学习贯彻十八届五中全会精神专题研讨班开班式上，习近平总书记强调，我们必须把发展基点放在创新上，通过创新培育发展新动力、塑造更多发挥先发优势的引领型发展，做到人有我有、人有我强、人强我优。[1]

---

[1] 《习近平在省部级主要领导干部学习贯彻十八届五中全会精神专题研讨班开班式上发表重要讲话强调聚焦发力贯彻五中全会精神确保如期全面建成小康社会》，载《人民日报》2016年1月19日。

一个真实的创新中国

一、准确把握当前我国经济社会发展的机遇与条件

当前我国正处在经济转型的关键期,经济依然面临较大的下行压力,这是我们在"十三五"时期直接面对的重要问题。我国经济增速回落,直观地看是由改革开放以来平均10%左右的高速增长转为中高速增长,背后则是经济结构、增长动力和体制政策的系统性转换。而从长期增长过程看,经济增速回落则是增长阶段的转换,或称之为"转型再平衡",也就是由高速增长的平衡转向中高速增长的平衡。要实现这一平衡,需要三个条件:一是从需求侧看,高投资要触底;二是从供给侧看,去产能要到位;三是从中长期看,新动能要形成。

在经历了几年来的增速放缓后,上述三个条件已逐步形成。促成高投资的三大需求已从高位回落,即基础设施投资、房地产投资和出口正在趋于稳定;去产能工作取得积极进展,工业品出厂价格开始反转回升;尽管新增长动能在规模上还未能完全抵消旧动能下降的影响,但在提高增长质量效益、扩展发展空间上已经呈现出好的势头。

目前,我国经济增长已非常接近底部,这既是压力和困难较大的时候,也是已看到转型成功曙光的时候。如果推进供给侧结构性改革能够取得实质性进展,我国经济在今后一两年成功触底的可能性就比较大。当然,这里所说的触底,不是说将会出现所谓的V形或U形反转,而是说增长速度不会再一路下滑,而是相对稳定,进入L形的下边,也就是进入一个速度适当、更具创造性和可持续性的中高速增长平台。从世界发达经济体的经验看,这个平台有可能稳定5到10年乃至更长

一个时期。如果能做到这一点，我们确立的到 2020 年全面建成小康社会的目标和更长远的发展目标就拥有了比较稳固的基础。

在 2016 年底，我国人均 GDP 达到 8000 多美元，而发达国家的人均 GDP 已超过 4 万美元。我们要接近或赶上发达国家的人均收入水平，大部分追赶应完成于中高速增长期。我国过去的高速增长主要是数量追赶，而在进入中高速增长期后，就要变为质量追赶。与数量追赶期相比，质量追赶期的一个显著特点是，外在的变化趋缓、追赶难度加大，由过去的"铺摊子"转向"上台阶"。与数量追赶期相比，质量追赶期对发展条件、体制和政策环境的要求有很大不同。

一是要纠正资源错配。我国目前在行业之间依然存在较大的生产率差异，这说明要素流动不畅、资源配置欠佳。造成这一问题的根源，仍然在于行政性垄断，以及由此带来的要素的市场化流动和定价受阻。通过深化改革纠正资源错配，就可以从传统产业中释放出规模可观的需求，特别是有利于提高效率的投资需求。而且更为重要的是，对资源错配的纠正能够提高生产率，增加收益，化解潜在风险。这也是当前供给侧结构性改革中降成本潜力最大的领域。

二是激励产业升级。产业升级是技术进步的结果，也将带来专业化分工协作关系的深化和产业集中度的适当提高。加快产业升级，将能够更多地开发和利用中高级生产要素，全面提升人力资本质量，优化资源配置水平。同时，产业升级还将提升行业标准，激发工匠精神，全面推动精致生产的制度和文化建设。

三是加快创新发展。创新与产业升级相比，是更深层次的发展。因为产业升级中的大多数内容，发达国家已经完成或正在实现，我们在今后也会跟着有,这也就是前面提到的追赶的含义;而创新则是从无到有,与发达国家相比,我们大体处在同一起跑线上。进入质量追赶阶段后,创新是否足够活跃,特别是创新成功的概率高低,成为能否实现质量追赶阶段发展目标的一个关键因素。

二、坚持把依靠科技创新作为打造先发优势的重要手段

过去几十年间,我国比较好地利用了后发优势,通过制定并实行正确的发展战略,创造了经济发展的奇迹。但随着发展水平不断提升,我们已不能局限于跟在发达国家后面亦步亦趋,而是要创造自己的先发优势,开辟未来发展新空间。相比利用后发优势而言,打造先发优势更为艰辛,没有捷径可走,甚至存在一定风险,必须埋头苦干、持之以恒地把科技创新搞上去,提高自主判断和选择科技发展方向的能力,从而在领先领域把握趋势、扩大优势,在并行领域奋力拼搏、发力超越,在跟踪领域实施非对称措施,抢占先机。真正做到引领型发展,对于我国来说,最主要的就是要在创新方面实现从跟随者向引领者转变,能够站立潮头,引领世界科技和经济发展潮流。

当前我国在加快创新发展方面面临诸多需要着力解决的问题,其中比较紧要的:一是要在尊重创新规律基础上营造创新环境。在这方面,政府不应缺位,而是要更好地发挥作用,包括加大对产权特别是知识产权的保护,为创新活动提供有效激励;出台政策措施稳定企业家、科研人员的预期,使他们能够安心从事研发活动;通过体制改革促进创新要素流动,吸引创新要素聚集和优化配置;改革教育和研发体制,提升人力资本质量;深化金融改革,为创新提供全链条的金融支持;等等。

二是使资源更多地流向创新活动。随着我国经济结构的变化,尽管当前服务业所占比重已超过制造业,但从根本上看,制造业仍然是国家竞争力的核心所在,也是创新活动的重心所在。为此,必须牢固确立制造立国、实体经济为本、创新驱动的理念和政策导向,努力扶持实体经济的发展。服务业中的房地产市场和金融市场等极易形成经济泡沫,极易吸引大量资源脱实向虚,削弱创新发展的能力,严重时可能导致金融和经济大幅波动,严重破坏经济社会发展环境。这要求我们必须高度警惕、及时抑制各种形态的经济泡沫,把资源尽量引导到有利于促进创新、提升要素生产率的领域,为经济持续稳定发展打牢基础。

三是鼓励各地开展创新竞争。创新要素是流动的,在流动中发挥效用和功能。哪个地方能够吸引到更多创新要素,哪个地方就会拥有更多创新成功的机会。从我国经济发展来看,大量创新出现在创新型城市或区域创新中心。但是,创新型城市或区域创新中心并非人为规划或指定出来的,而是在竞争中形成的。在我国以往发展的重要动力中,地方竞争是一项主要因素。在新阶段,应使改善创新环境成为地方竞争的重点。同时,也应避免政策一刀切,应给地方和基层更大的创新试验空间,鼓励形成各有所长、特色鲜明的创新模式。

随着国际金融危机以来外部需求的减弱,以及国内各种要素成本的持续上升,我国的传统比较优势正在弱化。同时,由于我国经济发展已进入新常态,既面临难得机遇,也面临一系列挑战。在此情况下,补上创新不足的短板,必须抢抓发展机遇、有效应对挑战、培育发展新优势，在创新方面实现从跟随者向引领者的转变。引领者是方向，要成为引领者极为艰难。它要求我们必须具备强大的创新能力，要能够在发展中始终牵住创新这个牛鼻子，走好创新这步先手棋。为此，要优化要素配置，推动新技术、新产业、新业态加快发展，努力培育发展新动力；要以"一带一路"建设、京津冀协同发展、雄安新区建设和长江经济带发展为引领，形成以沿海沿江沿线经济带为主的纵向横向经济布局，拓展发展新空间；要发挥科技创新在全面创新中的引领作用，强化企业技术创新主体地位和主导作用，加强产学研合作，深入实施创新驱动发展战略；要加快形成有利于创新发展的市场环境、产权制度、投融资体制、分配制度、人才培养引进使用机制等，通过体制机制的变革激发市场活力和社会创造力。

《中共中央关于制定国民经济和社会发展第十三个五年规划的建议》将坚持创新发展、着力提高发展的质量和效益作为"十三五"期间战略任务予以部署，对于把发展基点放在创新上做了具体的工作部署，明确提出塑造更多依靠创新驱动、更多发挥先发优势的引领型发展。这是未来 5 年经济发展思路的重大转变。其主要点包括：第一，依靠创新汇聚融合高端要素，培育我国经济发展新动力。在经济活动过程中，各要素的使用效率极为不同。而随着技术、信息、制度、人才和企业家才能为代表的这些创新要素比重的不断提升和效能的充分发挥，培育经济发展新动力要求我们必须高度重视聚集高新技术、高端装备、高级人才和高水平服务等，发展以技术、品牌、质量为核心的新产品、新产业和新市场。特别是要推动新技术、新产业、新业态、新机制融合发展，在无中生有，在有中出新，释放新需求，创造新供给，发现和培育新增长点。

第二，依靠创新培育发展高端产业，构建我国经济发展新优势。创新的出发点和归宿是形成更具竞争力的产业优势。为此，要紧紧抓住经济竞争力提升的核心关键，主动适应社会发展的紧迫需求，积极应对国家安全面临的重大挑战，构建结构合理、先进管用、开放兼容、自主可控、具有国际竞争力的现代产业技术体系，以技术的集聚性突破支撑引领新兴产业集群发展，不断提高我国产业的科技含量和附加值。特别是要加快"互联网+"行动的落实，大力发展新一代信息网络技术，不断增强经济社会发展的信息化基础。要在"中国制造2025"的远景规划之下，发展智能绿色制造技术，推动我国制造业由价值链低端向高端攀升。要围绕国家能源战略，发展安全清洁高效的现代能源技术，推进能源的供给与消费革命。要围绕我国粮食安全战略，通过发展生态绿色高效安全的现代农业技术，促进农业提质增效和可持续发展，等等。

第三，依靠创新打造形成创新高地，拓展我国经济发展新空间。创新是区域发展的重要基石和有力支撑，在整个国家的发展当中，必须聚焦国家区域发展战略，合理有效地配置创新要素，加快构建区域创新增长极。比如，要大力推进京津冀协同创新共同体建设，促进长江经济带创新发展，推动区域一体化协同发展；要服务国家"一带一路"建设等，统筹国内外创新资源，建设面向沿线国家的科技创新基地，加强国际创新产能合作。要加快推进北京、上海、深圳等地打造具有全球影响力的科技创新中心，以现有的国家自主创新示范区、国家高新区和全面创新改革试验区等为重要载体，建设一批具有强大带动力的创新型城市和区域创新中心,打造出若干高水平、有特色优势的产业聚集区,逐步提高我国经济发展的整体水平。

三、打造以创新为主要引领和支撑的经济体系

习近平总书记指出,要大力推进创新驱动发展,下好创新这步先手棋,激发调动全社会创新创业活力,加快形成以创新为主要引领和支撑的经济体系。[①] 以创新为主要引领和支撑的经济体系,与以传统技术为基础的经济体系有着根本的区别。它要求以高新技术产业作为国民经济的主导产业,确保新技术、新产品在每年经济增量中必须占有一定的比重,努力实现内涵式的扩大再生产。除此之外,即使对于传统产业,也要求用当代最新技术对其加以改造,包括实现工业化与信息化的融合,在农业中广泛采用生物工程技术,在第三产业中广泛采用信息技术和当代最先进物流运输方式,在能源产业中不断提高清洁可再生能源的比重等。从作用效能来看,与传统经济体系相比,这种新的经济体系在提升经济效益、社会效益和生态效益具有明显优势。建立以创新为主要引领和支撑的经济体系,必须始终依靠创新,全面推进科技、产业、企业、市场、产品、业态、管理等各个领域的创新。

科技创新是各个领域创新的先导。科学技术是第一生产力,它渗透于技术装备、生产工艺、操作技术等生产的各个方面和全过程,通过科技进步,为经济发展提供强大推动力量。科技创新主要包括基础科学、

---

① 《习近平在吉林调研时强调保持战略定力增强发展自信坚持变中求新变中求进变中突破》,载《人民日报》2015 年 7 月 19 日。

应用科学和专业技术等三个领域的创新,为此,必须合理布局这三个领域的人力、物力、财力,使之能够在各领域之间相互协调、相互推动。当前,我们存在的主要缺陷是在基础科学研究领域的投入相对不足,应迅速改变、适当加强,要以基础研究的突破带动应用技术和专业技术的进步。

产业创新是技术进步的立足点。基础研究和应用研究的成果,不单是为了探索和掌握自然规律,还包括转变为产业技术,使科学技术转化为现实生产力,只有这样才能为人类带来实惠。在当代,技术的飞速进步催生了一系列新的产业,比如,互联网产业、遥控产业、基因工程产业、新能源产业、激光产业、石墨烯产业、太赫兹产业、3D打印产业等等。客观地看,我们在这些领域进展迅速,但同世界先进水平对比,还有较大差距,必须加大投入,迎头赶上。与此同时,在传统产业技术的更新改造方面,我们同发达国家相比也有很大差距。比如,我国是能源需求大国,每年进口原油和精细化工产品分别达到2000多亿美元,这充分说明在石油化工这个传统产业的技术上,我们也还未完全掌握,也还滞后于世界先进水平,仍然远远落后于发达国家。而利用我国丰富的煤炭资源和国内已经取得突破的煤化工技术发展煤化工产业,就可以在很大程度上有效解决我国能源不足的问题,替代石油和化工产品的大量进口。又如,我国的电子产品行业每年进口各种芯片2000多亿美元,长期受制于人,如果能有效组织芯片产业技术的协同攻关,就有可能早日实现芯片的国产化,摆脱对西方垄断企业的依赖。

企业创新是推动技术创新的主体。经过近40年的发展,我国企业的研发投入、研发力量、研发成果均已占全社会的70%以上，赶上了发达国家的水平，取得了历史性的巨大进步。但是，我们也应看到，一些大中型企业对技术研发的重视程度和投入还很不足。据统计，在大中型企业中，只有不到50%的企业有研发和试验活动，大部分企业仍然没有自己的技术专利。一般来说，根据世界平均水平，在传统行业中，企业的研发经费占销售收入的比重应达到3%以上；而在高新技术行业，企业的研发经费占销售收入的比重应达到10%以上。与之相比，我国大多数企业没有达到这一要求。这就要求我们一定要从企业做起，努力使更多的企业成为创新型企业。

市场创新是企业产品价值实现的前提。随着我国经济发展，在多数产业部门，已经出现了产能过剩、需求约束日趋强化的不利局面。企业要想不断取得新的发展，必须树立用户第一的思想，千方百计满足市场需求，从而不断开拓新的市场。为此，要善于发掘潜在的市场需求。比如，随着各地环境保护意识的增强，环保产业将成为新的增长点；随着我国老龄人口的日渐增多，养老健身产业将成为一个新兴的产业；随着越来越多的企业到国外投资设厂，为他们提供海外投资的咨询、融资、保险等服务，也将派生出新的产业。这就要求我们不仅要研究和开发国内市场，也要研究和开发国际市场。只有通过市场创新，开拓出多元化、大规模市场，才能增强经济拉动力，拓宽发展空间。

产品创新是适应不断变化的市场需求的必然要求。随着人们收入水平的提高，人们的消费需求将不断提升，而科技进步也使企业能够创造出更多新的产品和服务，以满足人们需求结构的变化。在这种必要性和可能性面前，企业应当自觉地把开发新产品作为生存发展之本，一方面更好地满足现有的需求，另一方面通过开发新产品创造新的需求。

业态创新是基于新技术或规模化、标准化要求的企业经营模式创新。以连锁店、超市、仓储式货柜、快递、快餐为标志，新业态已广泛地出现在商业领域，其方便快捷和高效率对传统商业模式构成了强大竞争压力，改变着商业竞争的格局。随着互联网的出现，网上购物、互联网金融、移动支付、共享众筹、在线教育、无纸化设计制造、3D打印、文化创意、旅游地产、预约出租、网络影院等"互联网+"行动异彩纷呈，几乎一"网"打尽了人们的生产方式和生活方式。在所有的经济领域，谁能顺势而为、率先行动，谁就能占得先机、赢得主动，从而取得不可估量的成就和效益。

管理创新是各类创新的基础和动力源泉。好的制度，起着规范秩序的功能，可以使大家和谐相处，使老有所养、幼有所教，为实现共同的理想而奋斗。好的体制，能够激发人的创造智慧，调动人的积极性主动性创造性，把众人的力量凝聚起来，形成强大合力。好的运行机制，可以提高效率，使企业、大学、研究机构乃至整个国家最大限度地减少内耗，实现灵活高效运转。在当今时代，管理和科技被称为现代化的两个车轮，管理创新离不开科技创新，科技创新也必须有管理创新的支持。要广泛吸收借鉴当代世界先进的管理经验，不断推进管理创新，做到人尽其才、物尽其用、财尽其力。

第四章
着力实施创新驱动发展战略

  实施创新驱动发展战略，是党中央准确把握世界经济深度调整带来的机遇与挑战、立足我国发展全局作出的重大战略抉择。2014年8月18日，习近平总书记在中央财经领导小组第七次会议上的讲话中强调，我国是一个发展中大国，目前正在大力推进经济发展方式转变和经济结构调整，正在为实现"两个一百年"奋斗目标而努力，必须把创新驱动发展战略实施好。① 这就深刻揭示了创新在实现国家强盛、推动民族进步中的重要作用，明确了我国实施创新驱动发展战略的重要性和紧迫性。党的十九大报告再次强调，在全面建成小康社会决胜期，要"坚定实施科教兴国战略、人才强国战略、创新驱动发展战略、乡村振兴战略、区域协调发展战略、可持续发展战略、军民融合发展战略"。立足于实现中华民族伟大复兴的中国梦，必须切实增强深入实施创新驱动发展战略的自觉性和坚定性，把创新驱动发展战略真正落到实处，加快我国经济发展动力转换。

---

  ① 《习近平主持召开中央财经领导小组第七次会议强调加快实施创新驱动发展战略加快推动经济发展方式转变》，载《人民日报》2014年8月19日。

第一节　实施创新驱动发展战略决定着
　　　　中华民族前途命运

进入中国特色社会主义新时代，以习近平同志为核心的党中央围绕实施创新驱动提出了一系列重大战略思想、战略论断，作出了一系列重大战略决策、战略部署，科学回答了创新驱动是什么、创新驱动为什么、创新驱动抓什么等重大理论和实践问题，充分体现了以习近平同志为核心的党中央确立发展新理念、开拓发展新境界的坚定决心与历史担当，为经济发展新常态下推进我国科技改革和创新发展提供了强有力的思想武器和行动指南。

一、实施创新驱动发展战略是历史和现实的必然选择

理念决定行动，创新驱动发展战略是落实创新发展理念的具体行动，是一个立足全局、面向全球、聚焦关键、带动整体的国家战略，而不是一个短期的、局部的权宜之计。这是党中央在我国发展关键时期作出的重大决策，体现了我国发展的历史逻辑和现实逻辑。习近平总书记指出："实施创新驱动发展战略，是加快转变经济发展方式、提高我国综合国力和国际竞争力的必然要求和战略举措。"① 依靠科技

---

① 《习近平春节前夕赴甘肃看望各族干部群众》，载《人民日报》2013 年 2 月 6 日。

第四章
着力实施创新驱动发展战略

创新打造先发优势、从要素驱动转向创新驱动、提高发展质量和效益，是我国发展的重大系统性变革，是我们的主动选择，对于保持国民经济持续健康发展，如期全面建成小康社会，具有十分重要的战略意义。

实施创新驱动符合历史发展的演进逻辑。从历史的深处远眺未来，创新强则国运昌，创新弱则国运殆。古代中国曾长期走在世界前列，发达的科技文明也曾为世界作出重大贡献。但其后，中国脱离了世界科技的发展大道，逐渐地落伍了。近代中国落后挨打，根子就在科技落后。痛定思痛，实现中华民族伟大复兴的中国梦，要求我们必须用好科学技术这个最高意义上的革命力量和有力杠杆。当今世界，在一些重要的科学问题和关键核心技术上，已经呈现出革命性突破的先兆。在这种形势下，如何以创新之力撬动结构调整和转型升级，始终是习近平总书记关注的焦点。习近平总书记殷切希望全党全社会都要充分认识科技创新的巨大作用，敏锐把握世界科技创新发展趋势，紧紧抓住和用好新一轮科技革命和产业变革的机遇，把创新驱动发展作为面向未来的一项重大战略实施好。①

实施创新驱动符合大国之间的竞争逻辑。16世纪以来，世界发生了数次科技和产业革命，而每一次科技和产业革命都深刻影响了世界力量格局。当前，世界范围内新一轮科技革命和产业变革正在孕育突破，科技创新的赛场上硝烟四起，形势逼人，不进则退，我们在创新驱动发展上不能等，也不能慢。适应全球范围内新一轮科技革命和产业变革新趋势，我国必须深入实施创新驱动发展战略。习近平总书记指出：

---

① 《习近平在中共中央政治局第九次集体学习时强调敏锐把握世界科技创新发展趋势切实把创新驱动发展战略实施好》，载《人民日报》2013年10月2日。

一个真实的创新中国

"我国能否在未来发展中后来居上、弯道超车,主要就看我们能否在创新驱动发展上迈出实实在在的步伐。"①

实施创新驱动符合我国发展的现实逻辑。实现现代化在我国是一件艰巨的任务,未来我国十几亿人口要进入现代化,不能想象我们能够以高消耗资源的方式来生产生活。特别是我国经济发展已进入新常态,加快转变经济发展方式,破解经济发展深层次矛盾和问题,关键要依靠创新转换发展动力。人类文明历程表明,科技创新是一个国家、一个民族进步和发展最重要的因素之一。今天的中国已经经历了近 40 年的高速发展,原有的动力机制对经济发展的推动作用已大为减弱,迫切需要寻找新的增长动力源泉。提出创新驱动,制定创新驱动战略,目的就在于要从根本上解决我国发展动力不足、发展方式粗放、产业层次偏低、资源环境约束趋紧等迫切需要克服和解决的问题;就在于要加快形成以创新为主要引领和支撑的经济体系和发展模式,为转变经济发展方式、优化经济结构、改善生态环境、提高发展质量和效益开拓更加广阔的空间,促进经济转型升级,推动经济总体良性可持续发展。

实施创新驱动战略,是在全球新一轮科技革命蓬勃兴起、我国经济发展呈现新的发展特征的新形势下,着眼实现全面建成小康社会和中华民族伟大复兴的历史重任提出来的,既具有鲜明的时代特色和忧患意识,又具有很强的现实针对性。面向未来把创新驱动发展作为一项重大战略实施好,就能够扎实推动以科技创新为核心的全面创新,形成新的增长动力源泉,推动经济持续健康发展,使我国加快从经济大

---

① 习近平:《在中国科学院第十七次院士大会、中国工程院第十二次院士大会上的讲话》(2014年6月9日),载《人民日报》2014年6月10日。

国走向经济强国。

二、紧紧抓住和用好新一轮科技革命和产业变革的机遇,把创新驱动发展摆上核心战略位置

习近平总书记强调,即将出现的新一轮科技革命和产业变革与我国加快转变经济发展方式形成历史性交汇,为我们实施创新驱动发展战略提供了难得的重大机遇。机会稍纵即逝,抓住了就是机遇,抓不住就是挑战。我们必须增强忧患意识,紧紧抓住和用好新一轮科技革命和产业变革的机遇,不能等待、不能观望、不能懈怠。[①]这是顺应国内外发展大势作出的重大判断。当前,新一轮科技革命和产业变革正在世界范围内孕育兴起,变革突破的能量不断蓄积,各国纷纷调整国家经济发展战略,强调依靠科技创新培育新的经济增长点、抢占未来发展制高点。与此同时,我国经济总量已跃居世界第二位,但发展中不平衡、不协调、不可持续问题依然突出,特别是进入增长速度换挡期、结构调整阵痛期、前期刺激政策消化期叠加的阶段后,迫切需要通过创新驱动为转变经济发展方式、调整经济结构、提高社会生产力开辟新空间。

适应新一轮科技革命和产业变革新趋势,要求深入实施创新驱动发展战略。科技是国家强盛之基、创新是民族进步之魂,科技实力的强弱,在一定程度上决定着世界力量对比的变化和各国各民族的前途命运,

---

① 《习近平在中共中央政治局第九次集体学习时强调敏锐把握世界科技创新发展趋势切实把创新驱动发展战略实施好》,载《人民日报》2013年10月2日。

这是历史的基本启示，也是马克思主义的基本观点。从人类最初的刀耕火种到今天的自动化信息化，科技进步深刻影响了人类文明的发展进步。近现代世界史上的数次科技和产业革命，则在根本上深刻改变了全球发展格局。国际竞争历来就是时间和速度的赛跑，谁见事早、动作快，谁就能掌控制高点和主动权。习近平总书记指出，如果只是跟在别人后面追赶，不能搞出别人没有的一招鲜，最终还是要受制于人。当前，随着新一轮科技革命和产业变革的孕育兴起，以信息技术为引领的技术群加快突破、交叉融合，这是包括我国在内各国发展最不确定而又必须把握的重大潮流。受新科技革命和产业变革的影响，全球经济结构正在重塑。如果我们还留在原来的场地，就跟不上趟了。实现中华民族伟大复兴的中国梦，比以往任何时候都更加需要强大的科技创新力量，实施创新驱动发展战略势在必行。

适应全球化内涵发生的深刻变化，要求深入实施创新驱动发展战略。当前，新一轮全球化正在深化发展。从过去的以商品、服务、资本为主的全球化转向以科技、人才等主导的全球化的趋势越来越明显，科技创新的全球化成为新时期全球化的一个突出特征。可以说，创新要素流动到哪里、聚集在哪里，哪里就会成为全球新的产业和经济制高点。新形势下各个国家的竞争，越来越集中于科技创新能力。同时，近年来的国际金融危机打破了世界经济的平衡，这次危机不仅表现出周期性危机特征，还具有结构性危机的特点。而结构性危机的解决，不能仅仅依靠经济的自身调节和投资驱动，从根本上说要靠科技创新。在世界经济史上，韩国曾经依靠科技创新成功度过了亚洲金融危机。1997年亚洲金融危机发生后，严重打击了韩国经济，一些大企业纷纷

第四章
着力实施创新驱动发展战略

倒闭破产，经济增长率大幅下降。为了走出危机，韩国在1998—2003年间投资110万亿韩元集中发展微电子等28个基于知识的产业，短短几年后经济开始复苏，成功走出了危机。因此，顺应经济全球化的新趋势，用好全球化的新机遇，对于我国创新发展意义重大。

适应和引领我国经济发展新常态，要求深入实施创新驱动发展战略。目前，我国经济总量已跃居世界第二位，社会生产力、综合国力、科技实力迈上了一个新的大台阶。同时，我国发展中不平衡、不协调、不可持续问题依然突出，人口、资源、环境压力越来越大。如果说我国过去发展的高速度是依靠要素驱动，那么我国未来发展则迫切需要依靠创新驱动提供加速度。未来几年是我国发展的关键时期，在这一时期，能否顺利推进产业升级，能否成功实现结构转型，能否持续提升综合国力，关键是看能否发挥科技第一生产力、人才第一资源、创新第一动力作用，能否尽快走上创新驱动发展的轨道，只有如此才能实现经济中高速增长、迈向中高端水平。习近平总书记算过这样一笔账：世界发达水平人口全部加起来是10亿人左右，而我国有13亿多人，全部进入现代化，那就意味着世界发达水平人口要翻一番多。不能想象我们能够以现有发达水平人口消耗资源的方式来生产生活，那全球现有资源都给我们也不够用！老路走不通，新路在哪里？就在科技创新上，就在加快从要素驱动、投资规模驱动发展为主向以创新驱动发展为主的转变上。① 新常态下，要解决我国发展方式粗放、产业层次偏低、资源环境压力趋紧等迫在眉睫的问题，兼顾发展速度与质量、统筹发

---

① 习近平：《在中国科学院第十七次院士大会、中国工程院第十二次院士大会上的讲话》（2014年6月9日），载《人民日报》2014年6月10日。

一个真实的创新中国

展规模与结构，根本的出路在于依靠科技创新转换发展动力。只有这样，才能破解经济社会发展瓶颈，顺利跨越"中等收入陷阱"。

2016年5月，习近平总书记在全国科技创新大会上指出："实施创新驱动发展战略，是应对发展环境变化、把握发展自主权、提高核心竞争力的必然选择，是加快转变经济发展方式、破解经济发展深层次矛盾和问题的必然选择，是更好引领我国经济发展新常态、保持我国经济持续健康发展的必然选择。我们要深入贯彻新发展理念，深入实施科教兴国战略和人才强国战略，深入实施创新驱动发展战略，统筹谋划，加强组织，优化我国科技事业发展总体布局。"①这一重要论述，深刻阐明了创新在我国目前发展阶段的战略地位和重大作用。

三、深入实施创新驱动发展战略，加快新常态下发展方式的深刻变革

基于对科技在人类社会发展和国家竞争中的地位作用的全面把握，习近平总书记反复强调科技创新是提高社会生产力和综合国力的战略支撑，实施创新驱动发展战略决定着中华民族的前途命运，抓创新就是抓发展，谋创新就是谋未来。在此认识基础上，他运用马克思主义发展观，辩证分析我国经济发展进入新常态的特点，对如何通过实施创新驱动发展战略加快发展方式转变作出宏观战略思考。

一是要高度重视我国经济发展的"阿喀琉斯之踵"。习近平总书记

---

① 《全国科技创新大会两院院士大会中国科协第九次全国代表大会在京召开》，载《人民日报》2016年5月31日。

第四章
着力实施创新驱动发展战略

指出，在我国当前来看，主要依靠资源等要素投入推动经济增长和规模扩张的粗放型发展方式已不可持续。他还强调，虽然我们取得了举世瞩目的成就，但要清醒看到我们同西方发达国家存在的巨大差距。如果不加强科技创新，不采取创新驱动战略，仍然采用引进国外技术的思路，不仅差距会越来越大，还将被长期锁定在产业分工格局的低端。这些重要论述视野深邃，鲜明地指出了我国经济社会发展的短板和关键问题所在。

二是要把握赛场转换和游戏规则的主动权。习近平总书记指出，当前，科技创新的重大突破和加快应用极有可能重塑全球经济结构，使产业和经济竞争的赛场发生转换。在传统国际发展赛场上，规则别人都制定好了，我们可以加入，但必须按照已经设定的规则来赛，没有更多主动权。抓住新一轮科技革命和产业变革的重大机遇，就是要在新赛场建设之初就加入其中，甚至主导一些赛场建设，从而使我们成为新的竞赛规则的重要制定者、新的竞赛场地的重要主导者。[1]这一生动形象的比喻意蕴深远，要求我们必须尽快调整思路，加快适应赛场转换，积极完成身份变化，从而实现后来居上、弯道超车。

三是将创新驱动发展战略确立为国家重大战略。习近平总书记指出，自力更生是中华民族自立于世界民族之林的奋斗基点，自主创新是我们攀登世界科技高峰的必由之路。[2]在他看来，创新驱动是大势所趋。没有强大的科技，不论是"两个翻番"，还是"两个一百年"的

---

[1] 习近平：《在中国科学院第十七次院士大会、中国工程院第十二次院士大会上的讲话》（2014年6月9日），载《人民日报》2014年6月10日。

[2] 习近平：《在中国科学院第十七次院士大会、中国工程院第十二次院士大会上的讲话》（2014年6月9日），载《人民日报》2014年6月10日。

奋斗目标,都难以顺利达成,实现中华民族伟大复兴的中国梦这篇大文章难以顺利写下去,我们也难以顺利地从大国走向强国。为此,必须始终将科技创新摆在国家发展全局的核心位置,下大力将创新驱动发展战略作为国家的一项核心战略推动实施。

四是加快形成我国发展新动源。习近平总书记指出,我国发展面临的机遇,已不再是简单纳入全球分工体系、扩大出口、加快投资的传统机遇,而是一种全新的机遇,要求我们扩大内需、提高创新能力、促进经济发展方式转变。把握这一新的发展机遇,必须加快实现发展动力转换,由主要依靠资源等要素投入推动经济增长和规模扩张的粗放型发展方式,向以创新为主要引领和支撑的经济体系和发展模式转变,着力推动我国产业结构由中低端向中高端迈进,加快形成我国经济发展的新动源。

四、构建创新驱动的发展模式,多管齐下推进创新工程

国家的创新战略无疑是一个庞大的系统工程。建立创新驱动发展模式,必须对从科技创新到经济发展的各个环节进行改革和制度重构。

一是要解放思想,破除阻碍实施创新驱动战略的迷思。思想是行动的先导,实施创新驱动发展战略,首先要自觉解放思想,破除阻碍推进创新驱动的各种错误思想。从理论界来看,当前有两种思想倾向需要严加注意,第一种是"梯度发展论",其主张世界各国、国内各地都是呈现梯度发展的态势,发展水平存在着明显差异,需要循序渐进地逐级过渡,而我国与西方发展国家相比,目前还不具备实施创新驱

动发展战略的基础和条件。这种理论的错误在于只是片面地看到了我国与西方发达国家和地区的发展差距,但没有辩证地看到我国经过多年改革开放,在综合实力、创新能力、发展要求方面已出现很大改变。所以,这种理论最终蜕变为一种机械的"静态定位论"。第二种是"单线创新论",其将创新驱动发展战略片面和简单化地理解为技术创新,而没有认识到与技术创新相匹配的体制创新、文化创新和社会创新等其他方面,事实上割裂了技术创新与其他方面创新的内在联系,没有看到创新驱动发展战略对经济、社会、文化、政治乃至生态带来的深刻变化,在认识的全面性上显然是有失偏颇的。

二是要凝聚共识,构筑创新驱动发展战略的顶层设计。创新驱动发展战略是一项系统工程,需要教育、文化、社会、政治等相关领域的创新相配套。因此,按照系统论的观点,需要对创新驱动发展战略进行顶层设计和宏观布局,加快制定创新驱动发展顶层设计方案,抓紧修改完善与创新驱动相关的法律法规,并尽快在一些省区市系统推进全面创新改革试验。当前的工作重点主要包括:围绕实施创新驱动发展战略凝聚高度共识,出台实施创新驱动的国家规划和配套政策;根据实施创新驱动发展战略的需求,研究改革中央和地方财政科技资金管理的方案,做到管而不死,放而不乱;面向世界科技前沿、国家重大需求和国民经济主战场,选择一批体现国家战略意图的重大科技项目和重大工程进行协同攻关;深入推进政府科技管理体制的改革,积极推动科研院所改革,让一切有利于创新的机构、人才、装置、资金、项目都充分活跃起来,汇聚推进科技创新发展的强大合力。

三是要以人为本,实施更加积极的创新人才引进政策。习近平总书记指出,创新驱动实质上是人才驱动。实施创新驱动发展战略,离不开高层次、优结构的创新人才和创新团队。要着力培养一支规模宏大、富有创新精神、敢于承担风险的创新型人才队伍,特别是要用好现有人才和引进高端人才。对于本土的科学家、科技人员、企业家,要充分信任和重用,激发他们的创新激情;对那些有培养前途的青年创新人才,要加大培养力度,提供让他们脱颖而出的创新平台,创造各种条件让他们快速成长;对于海外人才,要实行招资与聚才并举,择天下英才而用之。在引进海外人才方面要加强必要的选择和考核,以便引进真正的领军人才和拔尖人才。同时,对于已经引进的人才,想办法解决他们的后顾之忧,比如子女上学、医疗、社保等相关问题,真正把他们留住,让他们安心工作。

四是要多极并举,推动各地区形成具有特色优势"创新极"。我国各地在科技水平上具有不平衡性。在科技资源配置上,北京因其独特的区位优势而获得最多、最高的资源配置,是我国原始创新"第一极";上海也因为具有传统的城市地位和资源优势,从而在创新驱动战略中居于"第二极",具备原创领先优势。但是,作为一个发展中的大国,我国实施创新驱动发展战略不能仅仅只靠这两极。推动实施创新驱动战略,需要多点开花,要研究在一些省区市系统推进全面创新改革试验,打造几个具有创新示范和带动作用的区域性创新平台。这就需要从各省区市不同的资源禀赋、技术优势和区域功能考虑,培育和建立若干类似北京和上海的"创新极",形成多极发展的创新驱动宏大格局。经过多年来的发展积淀,目前广州、成都、西安、武汉、沈阳等特大城市都已经具有一定的资源禀赋和特色优势。国家有关部门要加快政策研究和供给，充分论证并尽快推动这些城市借助驱动发展战略实现跨越式飞跃和全面创新发展。

五是要协同创新，加快推进官产学研的深度融合。建设国家创新体系，要积极推进政府科技管理体制的改革。第一，真正发挥企业作为创新主体的作用。对于民营企业，要在创新领域给予其国民待遇，实行更加宽松的准入政策，推动民营经济参与创新驱动发展战略和协同创新。第二，推进以原始创新为目标的基础研究。关键核心技术"拿不来""买不到"，必须从基础研究领域抓起，在基础性、探索性、战略性领域超前部署一批重大科技攻关项目。第三，发挥高校和科研机构在基础研究和原始创新的突出作用。必须重视发挥大学、科研机构的优势，对其基础研究进行重点扶持。第四，继续推进科技与金融的融合。调整创新投入的金融政策，鼓励高科技企业参股银行，鼓励设立科技风险投资机构等。第五，全方位加强国际科技合作。坚持"引进来"与"走出去"相结合，主动融入全球创新网络，与国外科技、产业进行深度对接，全方位提高我国科技创新的国际合作水平。

第二节　在创新驱动发展轨道上实现我国现代化

创新是建设现代化经济体系的战略支撑。习近平总书记指出，党的十八大提出的实施创新驱动发展战略，就是要推动以科技创新为核心的全面创新，坚持需求导向和产业化方向，坚持企业在创新中的主体地位，发挥市场在资源配置中的决定性作用和社会主义制度优势，增

一个真实的创新中国

强科技进步对经济增长的贡献度,形成新的增长动力源泉,推动经济持续健康发展。①其后,2015年3月13日印发的《中共中央国务院关于深化体制机制改革加快实施创新驱动发展战略的若干意见》强调,要强化科技同经济对接、创新成果同产业对接、创新项目同现实生产力对接、研发人员创新劳动同其利益收入对接,提高科技进步对经济发展的贡献率。引领经济发展新常态、决胜全面建成小康社会、夺取新时代中国特色社会主义伟大胜利、实现中华民族伟大复兴的中国梦,要求我们必须继续走好创新驱动发展的路子。

一、实施创新驱动翻开了我国科技创新的新篇章

中国特色社会主义进入新时代以来,我们党对发展和创新的认识不断深化。习近平总书记强调,当前我国已经进入了经济发展新常态阶段,这也是经济增速相对放缓,投资、消费和出口的"三驾马车"的拉动力开始下降的阶段。为了适应和引领经济发展新常态,党的十八届五中全会提出创新、协调、绿色、开放、共享的新发展理念,实现了对发展理论的一次重大跃升。其一,新发展理念科学把握我国经济发展速度变化、结构优化、动力转换的新特点,主动顺应推动经济保持中高速增长、产业迈向中高端水平的新要求,指明了破解发展难题的新路径。其二,在创新与经济发展的关系上,提出创新是引领发展的第一动力,要求把创新摆在国家发展全局的核心位置,找到了新常态下

---

① 《习近平主持召开中央财经领导小组第七次会议强调加快实施创新驱动发展战略加快推动经济发展方式转变》,载《人民日报》2014年8月19日。

第四章
着力实施创新驱动发展战略

我国经济发展的核心动力。其三，确定并大力实施创新驱动发展战略，把推动创新能力落脚于提高自主创新能力上。习近平总书记反复强调要发挥科技创新在全面创新中的引领作用，发挥创新驱动在促进经济发展中的推动作用。通过实施一批国家重大科技项目和在重大创新领域组建一批国家实验室，我们聚焦目标、突出重点，正在加快实现从跟进型发展到引领型发展的转变和由"中国制造"向"中国创造"的升级转换，进入到了以跟踪为主转向跟踪和并跑、领跑并存的历史新阶段，在一些重要科技领域跻身世界先进行列，科技整体水平正处于从量的增长向质的提升的重要跃升期。

一是基础研究取得重大突破，中国科技的国际影响力不断提升。近年来，量子通信和量子反常霍尔效应、外尔费米子研究、中微子振荡、CIPS 干细胞、高温铁基超导等取得重大创新成果。屠呦呦获得诺贝尔生理学或医学奖，王贻芳荣获基础物理学突破奖，潘建伟团队在超冷分子和超冷化学量子模拟研究领域取得新进展。重大科研仪器装置和平台建设持续推进，暗物质探测卫星"悟空"成功升空，上海光源、500 米口径球面射电望远镜、散裂中子源等一批大科学装置建设取得重要进展，对于我国科学研究的持续发展提供了有力支撑。英国《自然》周刊网站预测说，"十三五"将成为中国科研黄金期。《自然》尤其看好中国将在深海探测、"脑科学"计划以及干细胞研究方面，取得突破性进展。

二是战略高技术领域催生一批重大创新成果，有力提升了国家竞争力。我国载人航天和探月工程取得举世瞩目成就，神舟和天宫遨游太空，嫦娥探月"绕""落""回"三步走战略稳步推进。在第 48 届全球超级计算机 TOP500 排行榜上,"神威·太湖之光"超级计算机系统蝉联冠军,高达 9.3 亿亿次浮点计算每秒的性能无可匹敌,几乎相当于第二名天河二号的 3 倍、第三名美国 Titan 的 6 倍,成为世界上首台运算速度超过 10 亿亿次的超级计算机,标志着我国超级计算机研制能力已位居世界先进水平。北斗导航系统广泛应用于测绘、城建、水利、交通、旅游和应急救灾等领域,蛟龙号载人深潜器创造世界同类潜水器最大下潜深度纪录,"海洋石油 981""海洋石油 201"等高端装备为海洋强国战略实施提供重要保障,自主知识产权的"华龙一号"示范项目设备国产化率已达 90%……这些都标志着我国在高精尖技术的创新方面取得了骄人的成就。

三是主要科技创新指标跻身世界前列。我国的国家创新能力排名从 2010 年的世界第 21 位上升至 2015 年的第 18 位;科技进步贡献率由 50.9% 增至 56.2%,创新型国家建设取得重要进展。2016 年全社会研发支出预计 15440 亿元,占 GDP 比重为 2.1%,企业占比 78% 以上。国际科技论文数量连续多年稳居世界第 2 位,被引次数从第 8 位逐年攀升至第 4 位,农业、化学、材料等 7 个学科已升至第 2 位;国内专利申请量和授权量已居世界第 1 和第 2。同时,创新驱动形成高度共识,全社会创新创业热情不断高涨,创新发展已具备良好基础。伴随着创新能力的不断提高、产业体系的日渐丰富、市场容量的日益扩大以及多样化的消费需求,形成了特有的竞争优势。

四是科技创新支撑引领作用不断增强,成为经济发展新常态的新引擎。一批重大技术和装备空白得到填补,培育了电子信息、能源环保、先进制造、生物医药等一批战略性新兴产业增长点。我国主导的 TD-

LTE 技术成为两大 4G 国际标准之一，完整产业链基本形成。自主研发的新一代高速铁路技术世界领先，高铁总里程达 2.2 万公里，占世界总量一半以上，并进军海外市场。全面掌握特高压输变电技术，关键设备实现了国产化。大功率风电机组和关键部件、晶硅和薄膜太阳电池设计制造等关键技术取得突破，风能和光伏产能累计装机容量均位居世界第一。新能源汽车 2016 年保有量达 100 万辆，产销量和保有量均占世界 50%。2016 年初，国际会计师事务所毕马威发布核心报告称，中国经济正在由依靠投资和出口拉动向消费和创新驱动方向转型。报告认为，"中国经济转型正在取得进展"，中国政府出台的一系列政策，旨在"推动中国经济向高附加值型转变"。

二、当前是我国实施创新驱动发展战略的最佳时机

作为一种经济发展理论，创新驱动理论最早是由美国著名管理学家迈克尔·波特提出来的。波特以其发明的钻石模型作为分析工具，提出任何一个国家的经济社会发展都要经过要素驱动、投资驱动、创新驱动和财富驱动这"四个阶段"。而且这四个阶段不是相互独立的，而是既前后相继、依次推进，又彼此相容、互动影响。波特对经济发展动力"四阶段论"的描述，不仅揭示了一国在不同时间段上经济社会发展的动力源，也指出了一国在经济发展不同阶段的主要特征和基本样态。

按照波特的理论，要素驱动的方式最为原始和粗放，主要依靠诸如土地、资源、劳动力等生产要素的追加投入来获得发展动力和竞争优势。这种方式过分依赖于资源要素，对资源的索取和破坏非常严重，因此

缺乏发展的可持续性。投资驱动的方式是以资本投资作为经济发展的主要动力源，主要依靠投资供给的推动取得竞争优势。在这个阶段，由于政府和企业都有十分强烈的投资意愿和扩张冲动，加之大规模引进和模仿国外先进技术，从而迅速形成规模化经济，国家也往往进入快速增长的"赶超期"，但是，由于投资规模扩张过快并具有一定的盲目性，在这个阶段也容易出现产能过剩和资源紧张等问题，在一段时期后会造成财富积累缓慢、投资效益递减。由此可见，要素驱动和投资驱动这两种发展方式只是一国在其经济社会发展初期的路径选择，而不是一种优化选择。长期过度依赖资源消耗或采取高储蓄、高投资，固然在短期内可以获得快速增长，但如果未能及时向创新驱动转型，那么一国的经济增长可能因为缺乏技术进步的支撑而无法持久。苏联早期一直实行的社会主义经济建设模式和拉美一些国家出现"中等收入陷阱"就是前车之鉴，值得我国经济社会发展借鉴。

与通过增加物质投入推动经济发展不同，创新驱动方式是一种以创新作为主要动力源的发展方式。这里所说的创新，既包括了一般而言的技术创新，也包括体制、结构、组织、人力资源和分配机制等方面的创新。因此，创新驱动不仅给经济发展提供了新的动力，也使社会结构发生了变化和转型，形成了技术、经济层面的创新与社会层面的创新相辅相成、互动促进的局面。同时，创新驱动虽然是为克服要素驱动和投资驱动的消极和负面因素而提出来的，但它并不完全排斥和摒弃要素驱动和投资驱动，只是必须按照创新的需要并立足于创新的基础来重新整合不同的要素和投资，使要素和投资的效能能够得到更好的发挥。

改革开放初期，由于生产力发展水平较低，我国选择了与其他一些

第四章
着力实施创新驱动发展战略

发展中国家一样的现代化道路，先是采取了生产要素驱动的发展方式，并且在早期取得了比较明显的效果，初步解决了中国的温饱问题。到了 20 世纪 90 年代，随着中国对外开放的深入发展和确立社会主义市场经济方向的经济体制改革，我国又进入了高储蓄率的投资驱动为主的发展阶段。在这一阶段，各级各地政府不断加大投资力度，逐步完善各项基础设施，大力支持和鼓励企业引进国外先进技术、技术装备，扩大产能，凭借要素优势和投资规模形成了较强的竞争力，中国在这一时期成长为世界工厂和世界制造业基地。但是，当投资驱动延续一段时期以后，随着企业资本积累的完成和我国综合国力的逐步增强，这种主要依靠要素成本优势所驱动、大量投入资源和消耗环境的经济发展方式越来越难以持续下去，我国经济社会发展遇到了瓶颈，为我们当前抓住战略机遇、尽快转向创新驱动发展阶段提供了必要性和紧迫性。同时也要看到，改革开放以来，为满足经济社会发展需要，我国大力推进科技体制改革，实现了科技水平的整体跃升，也为我国转向创新驱动的发展方式提供了现实的可能。

从世界经济发展史来看，从投资驱动向创新驱动的转型是大势所趋，是历史的必然，但在实践上则是一个很难实现的跨越和转变。二战后成功实现转型和跨越的日本、韩国、新加坡及我国的香港和台湾地区，给我们提供了有益的经验。而拉美一些国家陷入"中等收入陷阱"长期停滞衰落，也给我们提供了极其深刻的教训。应该看到，对要素驱动和投资驱动的路径依赖，现有各类体制机制的缺陷，以及传统经济体制下形成的惯性思维方式等，都对我国实施创新驱动战略产生了有形和无形的阻碍和掣肘。因此，推动我国经济社会发展向创新驱动的转变，亟须进一步解放思想，与时俱进，牢固树立新发展理念，加强顶层设计，推动向创新驱动发展阶段的转型。同时，还应该以创新驱动战略为抓手，既注重推进技术创新和经济转型，又统筹推进社会、文化等的创新，使各方面的创新相互促进，从而真正实现通过创新驱动引领社会的进步、国家的发展。正如习近平总书记在2014年国际工程科技大会上的主旨演讲中指出的，中国是世界上最大的发展中国家，发展是解决中国所有问题的关键。要发展就必须充分发挥科学技术第一生产力的作用。我们把创新驱动发展战略作为国家重大战略，着力推动工程科技创新，实现从以要素驱动、投资规模驱动发展为主转向以创新驱动发展为主。

三、以"四个全面"战略布局为统领，推动我国经济社会发展从要素驱动转向创新驱动

站在时代发展和战略全局的高度，习近平总书记提出全面建成小康社会、全面深化改革、全面依法治国、全面从严治党，构成了实现"两个一百年"奋斗目标的战略布局。"四个全面"战略布局是我们党治国理政的总方略、总战略，也是现阶段各项事业改革发展的基本遵循。实现创新驱动发展，必须以"四个全面"战略布局为统领，明确创新方向，找准发展路径，使创新成为国家繁荣、民族复兴的强大引擎。

其一，全面建成小康社会为创新驱动发展指明根本方向。当前我国正处于全面建成小康社会的决胜期，时间紧迫，任务艰巨。习近平总书记在全国各地考察调研时，反复强调全面建成小康社会这一战略目

第四章
着力实施创新驱动发展战略

标。可以说，全面建成小康社会体现了中国人民的愿望和心声，是中国特色社会主义的本质属性和必然要求。面临资源环境约束加剧、产业结构不尽合理、农业基础相对薄弱、城乡区域发展不够协调、就业总量压力和结构性矛盾并存等突出矛盾和问题，全面建成小康社会的困难和挑战十分艰巨，发展仍是解决我国所有问题的关键。为此，必须把全面建成小康社会作为实施创新驱动的根本方向，加快推动以科技创新为核心的全面创新，最大限度地激发科技作为第一生产力的巨大潜能，并最大限度地释放全社会的创新活力与潜力，通过科技出效益，依靠创新增动力。

我们要依靠科技创新加快产业升级和结构调整，攻克制约我国生产力发展的高端装备、智能制造、关键元器件、新材料等关键核心技术，加速制造业向价值链中高端的跃升，提供新的经济增长点和就业机会。要依靠科技创新抢占空天海洋、信息安全、能源资源等当今世界各国发展战略的必争领域制高点，彻底改变我国关键核心技术长期受制于人的被动局面，大大增强我国的综合国力和国际竞争力。要依靠科技创新推进云计算、移动互联网、大数据、生物技术等的开发与应用，培育新业态和新产业，提供新的市场需求，扩大就业和创业空间。特别是要依靠科技创新保障和改善民生，让人民群众都过上幸福生活，享有更好的教育、更高水平的医疗卫生服务、更优美的生活环境。为此，应聚焦国民健康、资源环境、公共安全等重点民生领域，下大力气攻克大气污染防治、土壤环境整治、水安全、医疗器械、重大疾病防控、食品安全等重大关键技术，努力提高人民生活质量，加快改善人居环境，使技术进步的成果更好地在教育、医疗、社会保障等领域得到应用，

一个真实的创新中国

使基本公共服务提供实现低成本、高质量、广覆盖。

其二,全面深化改革为创新驱动发展提供动力源泉。习近平总书记强调指出,改革开放是决定当代中国命运的关键一招,也是决定实现"两个一百年"奋斗目标、实现中华民族伟大复兴的关键一招。[①]近40年来,改革为我国创新发展提供了不竭动力。我国通过推进科技体制改革,深化分配制度、用人制度、资源配置制度改革,有力地激发了科研院所和广大科研人员的创新活力;通过实施知识创新工程、985工程、国家技术创新工程,显著增强了创新主体的能力,形成了中国特色国家创新体系;推动建立技术市场、部分院所转制、建立高新区等,密切了科技与经济的结合,培育和发展了一大批科技型企业,催生出一批高新技术产业,为我国经济持续健康发展注入了强大动力。党的十八届三中全会以来,院士制度、事业单位分类、事业单位人事制度、科技计划管理、科技成果转移转化、科技资源开放共享、科技评价激励等重点领域和关键环节的改革有序推开,并取得实质性进展,一些长期束缚创新的思想观念和障碍阻力正在逐步消除。科技体制改革呈现出生动景象,也必将进一步激发和释放出全社会的创新动力与活力,促进形成大众创业、万众创新的生动局面。

在全面深化改革进程中,党中央高度重视深化科技体制改革,进行专题研究、专门布置,着力破除制约创新驱动发展的体制机制障碍。习近平总书记主持召开中央财经领导小组第七次会议时,专题研究部署实施创新驱动发展战略,为我们进一步明确了科技体制改革的总方

---

① 《习近平在广东考察时强调增强改革的系统性整体性协同性做到改革不停顿开放不止步》,《人民日报》2012年12月12日第1版。

向。为此，我们要按照全面深化改革的总体部署，科学制定实施创新驱动发展战略的顶层设计和政策制度，着力增强改革的系统性、整体性和协同性。要围绕影响和制约创新驱动发展的重大全局性、根本性、关键性问题，以科研院所分类改革为突破口，全面推进人才人事制度、科技评价制度和科技资源配置制度等重点领域改革，为激发科研院所和科技人员的创新活力打牢制度基础。要围绕推动科技与经济深度融合互动，加快形成公平竞争的市场环境，制定实行最严格的知识产权制度，积极推进市场监管、要素价格、投资制度等重点环节的体制改革，为创新创业开辟广阔市场空间。要从确保制度落实出发，加快建立规范化、常态化的督查制度，以根本消除改革方案制定和落地过程中的"中梗阻"现象，使各项改革措施落到实处。

其三，全面依法治国为创新驱动发展夯实制度根基。依法治国是党领导人民治理国家的基本方略，是推进国家治理体系和治理能力现代化的必然要求。党的十八届四中全会以来，党中央坚持依法治国、依法执政、依法行政共同推进，坚持法治国家、法治政府、法治社会一体建设，建设社会主义法治国家的步伐在不断加快。

全面推进依法治国是一项系统工程，是国家治理领域一场全方位的广泛深刻革命，将为创新驱动发展提供良好的法治环境。近年来，为使科技工作走上法治化轨道，国家大力推进有关科技创新的法制建设，修订科学技术进步法、专利法、科技成果转化法等法规文件，创新的法治环境不断完善。党的十八届四中全会通过的《决定》，明确了创新立法重点，要求"完善激励创新的产权制度、知识产权保护制度和促进科技成果转化的体制机制"。加快法治中国建设，提高科技领域法治水平,必须以法治建设的总目标为统领,紧紧围绕科技治理体系和治理能力现代化展开。要加快制定国家创新基本法,从国家层面明确创新在政府管理、经济社会发展中的定位,明确促进创新的综合性、系统化政策要求和措施,加大财政对创新的投入。要研究制定国家科研机构法,加快有关创新的法律法规的制定和修订完善,规范科研机构在科学发现、技术开发、工程化、商业化应用与市场推广等方面的活动,尽早形成以保障和促进创新为核心的法律法规体系,调动各类主体的创新积极性,保障和促进全面创新。要以法治的手段加强科研诚信制度和科学伦理、科研道德及学风建设,引导广大科技人员树立正确的科技价值观,恪守诚信,遵纪守法。

其四,全面从严治党为创新驱动发展提供坚强保障。推动科技创新是国家和民族的未来和希望所在,也是党的事业的重要组成部分。回顾中华人民共和国成立以来科技事业发展历程,科技事业取得的辉煌成就都有赖于党的坚强有力的领导。从钱学森、袁隆平到马明伟、黄大年,一大批优秀科学家把创新追求和共产党人的理想信念结合起来,用自己实实在在的创新行动和创新贡献报效祖国、服务人民。广大工作在科技战线上的共产党员理想信念坚定、工作作风踏实、善于攻坚克难,成为我国创新事业的中坚力量。在实施创新驱动发展战略的新征程中,有许多硬骨头要啃,有许多险滩要涉,他们依然是党、国家和人民最可依靠、最可信赖的中坚力量。

全面从严治党是发展科技事业和实施创新驱动发展战略的坚强保障。我们必须按照全面从严治党的要求,全面推进党的政治建设、思想建设、组织建设、作风建设、纪律建设,把制度建设贯穿其中,深入推进反腐败斗争,建强科研院所基层党组织,发挥好各级党组织在创新中的政治核心和战斗堡垒作用,在党员干部和科研骨干中大力倡导追求真理、创新科技、服务国家、造福人民的中国特色社会主义科技价值观。要通过加强党性教育,使各级领导干部进一步增强使命意识、责任意识、危机意识,始终不忘肩负的历史责任和光荣使命,充分发挥自身先锋模范作用,率先垂范,勇于担当,把广大科技人员紧密地团结在党的旗帜下,带领广大科技人员攻坚克难、勇攀高峰,在实施创新驱动发展战略的过程中建功立业。

第三节　把科技创新潜力更好释放出来

进入中国特色社会主义新时代,习近平总书记围绕创新驱动发展提出了一系列新思想、新观点、新论断,集中反映了我们党对世界科技创新发展趋势的深刻认识、体现了我们党对我国发展阶段性特征的准确把握。以此为依据,2016年5月中共中央、国务院印发《国家创新驱动发展战略纲要》,对深入实施创新驱动发展战略提供了顶层设计和根本遵循,为实施创新驱动发展战略指明了方向。

一、切实增强实施创新驱动的责任感和使命感

经过中华人民共和国成立以来六十多年的不懈拼搏,当前我国科技创新进入新的发展阶段。准确把握科技创新的中国特色、世界科技发

一个真实的创新中国

展的总体趋势和我国发展的阶段性特征，对于实施创新驱动发展战略、建设世界科技强国至关重要。总的看，我国科技创新面临的新形势表现在以下三个方面：

第一，回顾过去，我国科技发展成就巨大，优势突出。尽管当前我国在科技创新方面还存在许多的空白点和薄弱环节，但在广大科技工作的努力下，我国科技事业也取得了举世瞩目的成就，形成了"五大优势"。一是基础能力优势。我国科技发展原来是全面跟跑，现在已经实现了向跟跑、并跑甚至在一些领域领跑的重大转变，基本形成了基础研究、前沿技术、应用开发、重大科研基础设施、重点创新基地等系统完整的科研布局。二是人才规模优势。我国是世界公认的人力资源大国，我国科技人力资源总量超过 7000 多万，研发人员超过 500 多万，其中企业研发人员超过 400 万。工程师数量占全世界的 1/4，每年培养的工程师相当于美国、日本、印度以及欧洲的总和。三是市场空间优势。我国市场潜力巨大，创新空间广阔，仅移动互联网用户就达 10.9 亿，任何一个细分市场都足以撑起成千上万个企业的发展，就是相对小众的市场也可以提供大量的创新创业机会和需求。四是产业体系优势。我国是世界上唯一具有联合国产业分类中所有工业门类的国家，任何创新活动都可以在中国找到应用的舞台。我国制造业长期积累的雄厚技术基础，为互联网时代制造业的智能化、数字化发展提供了巨大空间。五是体制动员优势。过去我们搞"两弹一星"，靠的是社会主义制度优势。现在仍然可以发挥我们的制度优势，积极探索社会主义市场经济条件下的新型举国体制，把各方力量充分调动起来。

第二，放眼全球，科技与经济正在发生广泛深刻变化，我国科技创新站在了新的历史起点上。具体地看：一是世界科学技术演进站在新起点上。新一轮科技革命和产业变革蓬勃兴起，一些重要科学问题和关键核心技术呈现出革命性突破的先兆，带动了关键技术交叉融合、群体跃进，这些革命性变革突破的能量正在不断积累。对此，我们必须未雨绸缪，抢占先机，推动产业变革于端倪之始，牢牢掌握未来发展主动权。二是我国经济社会发展站在新起点上。当前，我国经济发展进入新常态，内在地表现为速度变化、结构优化、动能转化，创新驱动既是稳增长的着力点，又是调结构的战略路径，是推动我国经济社会发展最重要、最持久的动力引擎。同时，为充分满足人民日益增长的美好生活需要，当前社会民生领域对科技创新的需求越来越大，客观上要求科技创新与教育文化、卫生健康、生态文明建设相结合，统筹推进"五位一体"总布局提供坚实支撑。三是国际创新竞争站在新起点上。已经延续了10年之久的国际金融危机带来全球发展大调整，原有的世界经济平衡被打破，各主要国家围绕科技创新都提出了新的发展纲领，国家之间的竞争日趋白热化。我们在这场竞争中不仅不能掉队，也不能只满足于跟得上，还要争取走在前面。

第三，居安思危，进入创新型国家行列、建设世界科技强国还存在亟待解决的诸多问题。这些问题归纳起来，可以概括为"四个不适应"：一是科技创新能力与我国大国地位快速提升的客观需求不相适应。经过改革开放以来的发展，我国已成为是世界第二大经济体，综合国力和国际地位空前提高并仍处于快速上升时期。与此同时，我国的科技发展也在快速进步，但世界科技发展的速度也在加快。人无远虑，必有近忧，如果不能提供强大的科技创新支撑，我国大国地位的根基就不稳固。二是高水平科技供给与经济新常态下动力转换的客观需求不相适应。虽然我国经济的体量很大，但发展的质量却不高，我国产业总体上处于全球价值链的中低端，高水平创新供给不足，核心技术的瓶颈制约尚未突破，严重影响着产业的转型升级。三是高端创新人才与参与国际竞争的客观需求不相适应。我国科技人力资源丰富，但高层次科技人才短缺，特别是能称得上世界级科技领军人才的更是匮乏。发达国家凭借其强大的物质基础、一流的创新平台和优越的创新环境，加之各种政策优待，形成了对全球人才的"虹吸效应"。这就要求我们，必须抓紧培育和吸引高端创新人才。四是政府和市场的功能发挥与推动创新发展的客观需求不相适应。我国创新治理结构还有待完善，政府在科技创新中既有"缺位"的问题，也有"越位"的现象，公平竞争的市场环境和规则制度仍有待完善，市场配置创新资源的决定性作用尚未充分发挥。

形势逼人，时不我待，面对新形势、新要求，我们需要不断提高认识，有效落实各项工作部署。一是要把创新驱动的理念转化为行动，就是以习近平总书记关于科技创新的重要思想为指导，把创新发展理念转化为各地区、各部门实施创新驱动的具体行动，贯穿于经济社会发展各项工作的全过程，形成创新发展的合力。二是要把顶层设计转化为工作部署，就是要按照"抓战略、抓规划、抓政策、抓服务"的要求，把《国家创新驱动发展战略纲要》提出的战略目标和战略规划，转化为各地区、各部门推进科技改革发展的重大部署。三要把创新驱动的总体要求转化为工作的切入点和突破口，坚持问题导向，结合发展实际，找准工作抓手，创造性地开展工作，全力以赴推动党中央、国务院重大决策部署落地生根,不做表面文章,不搞形式主义,把各项工作抓细抓实。

二、依靠改革加快释放创新活力

把创新驱动这个"新引擎"加速发动起来,首先需要点燃改革这个"点火系"。以改革助力创新驱动,需要统筹推进科技体制、经济体制、社会体制和创新治理等方面的体制机制改革,全方位优化创新的制度环境、政策环境和文化环境,打造有利于创新的生产关系和生态系统。其中,改革目标是构建国家创新体系,改革重点是打通科技创新和经济社会发展之间的通道,改革关键是处理好政府和市场的关系,改革根本是营造良好创新生态环境、激发"人"的积极性创造性。

其一,在全面深化改革总目标之下定位科技改革目标。要坚持走中国特色自主创新道路,加快建设国家创新体系、提升我国创新能力。特别是要不断提高企业主导产业技术创新的能力,并同步增强科研院所、高等院校的原始创新和服务发展能力,大力发展各类新型研发机构和创新服务组织,打造充满生机活力的创新主体。要努力克服创新中的"孤岛化"和"碎片化"现象,切实提高产学研、区域和军民等的创新协同水平,使各创新主体在科技创新的各环节和各方面实现有机互动、高效协作。

其二,打通科技创新和经济社会发展之间的通道。科技创新与经济社会发展相互促进、互为表里。2014年12月9日,习近平总书记在中央经济工作会议上的讲话中指出,创新不是发表论文、申请到专利就

一个真实的创新中国

大功告成了,创新必须落实到创造新的增长点上,把创新成果变成实实在在的产业活动。打通二者之间的通道,要从科技和经济社会领域改革两个方面同步发力。一方面要深化科技体制的改革,进一步增强创新供给,使科技创新更好地服务经济社会发展;另一方面要推动在经济体制等改革中把促进科技创新作为重要目标,进一步释放创新需求,使经济社会发展更好刺激科技创新。2015年以来,全国人大常委会修订《促进科技成果转化法》,国务院出台《实施〈促进科技成果转化法〉若干规定》,国办印发《促进科技成果转移转化行动方案》,但实施中仍有一些单位还存在等待观望的情绪,成果转化政策仍存在不配套的问题。各部门、各地方要加强协调,从推动科技成果权益管理改革、健全技术交易服务体系、完善税收政策等多个方面入手,加快完善科技创新战略规划和资源配置体制机制,解决好制约科技成果转移转化的关键问题。同时,还要加快发展研发设计、中试熟化、创业孵化、检验检测认证等各类科技服务,健全技术交易市场体系和技术转移体系,强化对创新创业全链条的服务支撑。

其三,处理好政府和市场的关系。一方面,要坚持"市场要活"的方针,加快健全技术创新市场导向的机制、市场配置创新资源的机制、市场决定创新报酬的机制等,在具体的创新活动过程中给市场以发言权。2015年11月18日,习近平主席在亚太经合组织工商领导人峰会上的主旨演讲中指出,我们将大力实施创新驱动发展战略,把发展着力点更多放在创新上,发挥创新激励经济增长的乘数效应,破除体制机制障碍,让市场真正成为配置创新资源的决定性力量,让企业真正成为技术创新主体。需要注意的是,新兴产业往往处于产业生命周期的萌芽期和成长期，如果管得过细过早、限制过多，会影响到产业的健康发展。因此要通过市场的竞争机制来促进新兴技术之间的较量，对看不清楚的发展方向也要善于包容，给予发展空间，使新兴产业蓬勃发展、展现活力。另一方面，要加快转变政府职能，更加重视加强创新服务，把工作重心转到抓好战略规划、重大攻关、政策标准制定、评价评估、体制改革、法制保障等方面，在营造环境、引导方向、提供服务等基础性公共性工作上聚焦用力。对事关国计民生的战略问题，还要继续发挥好集中力量办大事的制度优势、聚合各方优势力量加快攻关。

其四，充分激发和调动社会成员的创新积极性。创新驱动的实质是人才驱动，没有人才优势，也就没有了创新优势、科技优势、产业优势。因此，既要重视科学家和科技人员的作用，又要重视企业家的作用，还要重视大众创新创业人员的作用。要改革完善人才评价激励制度，对青年人才给予特殊支持和特别照顾。要增强世界视野，强化在全球70亿人中择才而用的理念，实施更加积极的人才引进政策。要更好顺应万众创新、大众创业趋势，加快促进包括科技型创业、产业型创业、就业型创业等在内的创新创业。特别是对科技型创业来说，其创业难度相对较大，应主动为它们扫清清障、提供便利，加大激励力度。

其五，培育创新土壤、优化创新生态。营造包容、鼓励、支持创新的市场、法治、政策、文化环境，对调动创新积极性、激发创新活力至关重要。要深入实施知识产权、标准和品牌战略，着力培塑以法制保障创新、以政策激励创新、以文化孕育创新的良好创新氛围，让科技人员在创新中得利、让企业在创新中受益、让社会在创新中进步。要在全社会加大科学精神和创新价值的传播，进一步塑造包容创新、敢为人先的创新文化，使创新成为整个国家的一种价值导向和生活方式，成为我们这个富于创新精神的民族的时代特质。

三、充分发挥政府在支持创新创业中的作用

创新的活力来自市场，但这并不意味着可以忽视政府的作用。美国之所以长期称霸世界，得益于其超强的科技实力。而美国之所以能在科技领域长期保持世界领先地位，又与合理发挥政府的作用密不可分。一是美国政府在不同时期都提出能带动科技进步的国家重大工程，动员各种资源予以实施。比如20世纪40年代著名的曼哈顿工程，带动了其核工业发展；实施的星球大战计划，带动了美国航空航天事业发展；启动信息高速公路计划，带动了其互联网的发展；实施的新能源计划和制造业复兴计划，对美国能源产业和制造业产生重要影响。二是对由财政资金资助研发的军工技术，允许其无偿转移到民用工业，以带动民用技术进步。三是制定一系列诸如保护知识产权、完善竞争环境、扶持小企业发展的法律法规，设立小企业局，由财政拨专款帮助小企业转化科技成果。四是在全球广纳科技人才，通过提供奖学金和加入美国国籍等制度，吸引各国优秀人才赴美留学和定居工作。

创新驱动是国家的发展战略，离不开政府。深入实施创新驱动发展战略，需要加快政府职能从研发管理向创新服务转变。一是要完善国家科技决策咨询制度。将科技咨询纳入国家重大问题决策程序，以实现科学决策。通过健全咨询机制，促进科技决策咨询的法制化、规范化。对于重大科技决策一定要广泛听取意见，鼓励社会公众以有序化和制

第四章 ★★★
着力实施创新驱动发展战略

度化的方式积极参与科技决策。二是要更好地发挥政府在创新驱动中的作用。政府要大力营造公平竞争市场环境，建立起公平市场准入规则，加快形成各种创新主体平等获得创新资源的机制；要不断强化政府对知识产权的保护和管理职责，加大打击假冒伪劣产品和侵权行为力度，增加侵权成本和降低维权成本；要主动弥补市场缺陷，在市场不能发挥作用，企业无力或不愿投资而又具有明显社会效益的创新领域，政府应加大财政和金融支持力度。三要瞄准瓶颈制约问题，制定系统性技术解决方案。

2013年9月30日，习近平总书记在中共中央政治局第九次集体学习时的讲话中指出，实施创新驱动发展战略，不能"脚踩西瓜皮，滑到哪儿算哪儿"，要抓好顶层设计和任务落实。顶层设计要有世界眼光，找准世界科技发展趋势，找准我国科技发展现状和应走的路径，把发展需要和现实能力、长远目标和近期工作统筹起来考虑，有所为有所不为，提出切合实际的发展方向、目标、工作重点。这就告诉我们，在创新驱动中，政府要坚持有所为有所不为的原则，坚持战略和前沿导向，继续增加研发经费投入，向基础研究和应用研究给予一定程度上的倾斜，并着力提升政府资金使用效率；集中支持事关发展全局的基础研究和共性关键技术研究，以基础研究的突破带动技术创新，加快突破新一代信息通信、新能源、新材料、航空航天、生物医药、智能制造等领域核心技术。

第五章
坚定不移走中国特色自主创新道路

习近平总书记强调:"实施创新驱动发展战略,最根本的是要增强自主创新能力,最紧迫的是要破除体制机制障碍,最大限度解放和激发科技作为第一生产力所蕴藏的巨大潜能。面向未来,增强自主创新能力,最重要的就是要坚定不移走中国特色自主创新道路,坚持自主创新、重点跨越、支撑发展、引领未来的方针,加快创新型国家建设步伐。"[1]当前,我国在一些重要领域已接近或达到世界先进水平,完全有能力在新的起点上实现更大突破。我们必须坚定信心,坚定不移走中国特色自主创新道路,有所为有所不为,不断加强原始创新、集成创新和引进消化吸收再创新,持续不断地增强我国科技的自主创新能力。

第一节 自主创新是我们攀登世界科技高峰的必由之路

当今世界,科技发展正孕育着新的革命性变化。不断攀登世界科技高峰,就要始终站在时代的前列,以世界眼光迎接新科技革命带来的

---

[1] 习近平:《在中国科学院第十七次院士大会、中国工程院第十二次院士大会上的讲话》(2014年6月9日),载《人民日报》2014年6月10日。

一个真实的创新中国
★★★★★★★

机遇和挑战，坚持把走中国特色自主创新道路作为科技创新的必由之路。习近平总书记指出："经过多年努力，我国科技整体水平大幅提升，一些重要领域跻身世界先进行列，某些领域正由'跟跑者'向'并行者''领跑者'转变。我国进入了新型工业化、信息化、城镇化、农业现代化同步发展、并联发展、叠加发展的关键时期，给自主创新带来了广阔发展空间、提供了前所未有的强劲动力。"①

一、必须把创新的主动权、发展的主动权牢牢掌握在自己手中

科技创新能够从根本上改变全球竞争格局和国民财富的获取方式，因此世界各主要国家都推出了激励科技创新的政策措施，科技竞争在综合国力竞争中的地位更加突出。习近平总书记指出："面对科技创新发展新趋势，世界主要国家都在寻找科技创新的突破口，抢占未来经济科技发展的先机。我们不能在这场科技创新的大赛场上落伍，必须迎头赶上、奋起直追、力争超越。"②

每当新科技革命迅猛发展推进产业出现重大变革之际，不仅会催生一批新的重大产业，而且还会使原有的产业结构发生质的转变。而在这样的剧烈变革中，往往会形成极为普遍的马太效应，即某个新兴行业的先行者或领军企业，由于起步早而就步步领先，其他后来者在加入该行业后，就只能亦步亦趋，无法充分享受行业红利。对此，我们

---

① 习近平:《在中国科学院第十七次院士大会、中国工程院第十二次院士大会上的讲话》(2014年6月9日)，载《人民日报》2014年6月10日。

② 习近平:《在中国科学院第十七次院士大会、中国工程院第十二次院士大会上的讲话》(2014年6月9日)，载《人民日报》2014年6月10日。

第五章
坚定不移走中国特色自主创新道路

必须保持清醒头脑,增强忧患意识,紧紧抓住和用好当前正在广泛而深刻发生的新一轮科技革命和产业变革,绝不能错失机遇,不能等待、观望、懈怠。由于我国正在进行跨越式发展,所以我们既要关注科技创新带来的新产业的萌发,还要积极推动我国传统产业和一般性产业的转型,加快产业调整和结构升级的步伐,努力构筑具有先进技术基础的现代产业体系,力争赛出优异成绩。习近平总书记强调:"实现'两个一百年'奋斗目标,实现中华民族伟大复兴的中国梦,必须坚持走中国特色自主创新道路,面向世界科技前沿、面向经济主战场、面向国家重大需求,加快各领域科技创新,掌握全球科技竞争先机。这是我们提出建设世界科技强国的出发点。"①

发挥社会主义制度的独特优势实现重点跨越。中国特色自主创新道路的最大优势就是社会主义制度能够集中力量办大事。习近平总书记指出:"我国社会主义制度能够集中力量办大事是我们成就事业的重要法宝。我国很多重大科技成果都是依靠这个法宝搞出来的,千万不能丢了!"②在社会主义建设时期,我们依靠"举国体制"初步建立了国家的工业体系,开始了"向科学进军",成功研发"两弹一星"等国之重器,实现了历史性超越。在今天改革开放和社会主义市场经济条件下,我们依然要发扬集中力量办大事的制度优势,主动抢占战略性新兴产业等关系未来发展的制高点。习近平总书记指出:"当今世界综合国力竞争的核心和焦点是科学技术。现在,各主要国家都在抢

---

① 《全国科技创新大会两院院士大会中国科协第九次全国代表大会在京召开》,载《人民日报》2016年5月31日。
② 习近平:《在中国科学院第十七次院士大会、中国工程院第十二次院士大会上的讲话》(2014年6月9日),载《人民日报》2014年6月10日。

一个真实的创新中国

占未来科学技术制高点，包括国防科技制高点。我们要大力弘扬'两弹一星'精神和'载人航天'精神，自力更生，勇攀高峰。"①要充分利用我们已有的基础和优势，把那些关系全局和长远发展的战略必争领域、优先进军方向选准选好。科学研判全球可能发生的重大科技事件和科技突破，提前布局，早做打算，集中力量攻关，努力掌握一批核心关键技术和自主知识产权。要通过全面深化科技体制、教育体制和人事制度等的改革，破除人才培养的桎梏，鼓励创新创造、加快产学研一体，使科学大师、科技新星脱颖而出，引领世界科技发展潮流。习近平总书记强调："我们要引进和学习世界先进科技成果，更要走前人没有走过的路。科技界要共同努力，树立强烈的创新自信，敢于质疑现有理论，勇于开拓新的方向，不断在攻坚克难中追求卓越。"②通过集中力量办大事，要力争在若干重要领域捷足先登，在重大科技创新上有所突破，带动我国创新能力和科技水平整体提升。

坚持把自力更生作为自主创新的基点。中国的历史及实践告诉我们，在发展科学技术上必须依靠自己的力量，只有自立才能自强，自主创新是攀登世界科技高峰的必由之路。习近平总书记指出："科技创新永无止境。科技竞争就像短道速滑，我们在加速，人家也在加速，最后要看谁速度更快、谁的速度更能持续。""只有把核心技术掌握在自己手中，才能真正掌握竞争和发展的主动权，才能从根本上保障国家经济安全、国防安全和其他安全。不能总是用别人的昨天来装扮

---

① 《习近平在中国科学院考察时强调深化科技体制改革增强科技创新活力真正把创新驱动发展战略落到实处》，载《人民日报》2013年7月18日。
② 《习近平在中国科学院考察时强调深化科技体制改革增强科技创新活力真正把创新驱动发展战略落到实处》，载《人民日报》2013年7月18日。

第五章
坚定不移走中国特色自主创新道路

自己的明天。不能总是指望依赖他人的科技成果来提高自己的科技水平，更不能做其他国家的技术附庸，永远跟在别人的后面亦步亦趋。我们没有别的选择，非走自主创新道路不可。"[①] 这就意味着要想在经济社会发展中不受制于人，就一定要正视现实、承认差距，坚持把自力更生作为自主创新的基点，不断加强原始创新能力，攻克核心技术和关键技术。引进技术设备并不等于引进技术能力，更不等于具有了自主创新能力，以市场换技术不可能换得关键核心技术，对此要有正确的认识。外国人做不到的，我们要争取做到；外国人已经做到的，我们不光要能做，而且要做得更好。

坚持在开放创新中提升自主创新能力。习近平总书记多次强调，科学技术是世界性的、时代性的，发展科学技术必须具有全球视野。自主创新是开放环境下的创新，面对知识、技术、人才的全球流动，必须融入全球创新网络，在更高起点上推进科技创新。我们要致力于扩大开放，多形式、多渠道、多层面地广泛参与国际科技合作，并加大集成创新和引进消化吸收再创新力度，下大力推进开放创新。一方面，要居高望远，牢牢把握科技进步大趋势、大方向，紧盯世界科技前沿领域和顶尖水平，更加积极地引进和学习世界先进科技成果，集成全球创新资源；另一方面，要求真务实，牢牢把握产业革命大趋势，把科技创新真正落到产业发展上。要固强补弱，在我们处于领跑地位的科技领域，坚持以我为主、开放创新；在我们处于跟跑地位的科技领域，坚持博采众长、综合集成，引进消化吸收再创新，实现创新最优化。

---

① 习近平：《在中国科学院第十七次院士大会、中国工程院第十二次院士大会上的讲话》（2014年6月9日），载《人民日报》2014年6月10日。

二、中国应该有非对称性的"撒手锏"

习近平总书记对自主创新,特别是自主掌握核心技术,实现中国科技在新起点上的超越,给予了长期关注付出了大量心血。在参加全国政协十二届一次会议科协、科技界委员联组讨论时,习近平总书记指出,过去 30 多年,我国发展主要靠引进上次工业革命的成果,基本是利用国外技术,早期是二手技术,后期是同步技术。如果现在仍采用这种思路,不仅差距会越拉越大,还将被长期锁定在产业分工格局的低端。在日趋激烈的全球综合国力竞争中,我们没有更多选择,非走自主创新道路不可。我们必须采取更加积极有效的应对措施,在涉及未来的重点科技领域超前部署、大胆探索。他一再强调,高科技买不来,核心技术更是既买不来又换不来。2013 年 7 月 17 日,习近平总书记在考察中国科学院时,更是语重心长地指出:高端科技就是现代的国之利器。近代以来,西方国家之所以能称雄世界,一个重要原因就是掌握了高端科技。真正的核心技术是买不来的。正所谓"国之利器,不可以示人"。只有拥有强大的科技创新能力,才能提高我国国际竞争力。

随着中国科技逐渐迈向高端,以美国为代表的高科技大国对中国的防范心理越来越强。习近平总书记曾经讲过,现在,比较正常的技术引进也受到种种限制,过去你弱的时候谁都想卖技术给你,今天你发展了,谁都不愿卖技术给你,因为怕你做大做强。在引进高新技术上不能抱任何幻想,核心技术尤其是国防科学技术是花钱买不来的。人家把核心技术当"定海神针""不二法器",怎么可能提供给你呢?只有把核心技术掌握在自己手中,才能真正掌握竞争和发展的主动权,

第五章
坚定不移走中国特色自主创新道路

才能从根本上保障国家经济安全、国防安全和其他安全。2016年3月，由于美国外国投资委员会（CFIUS）的介入，中国清华紫光公司停止了对美国数据存储集团西部数据的38亿美元投资计划。而按之前达成的协议，紫光原本将收购西部数据约15%的股份。中国企业近几年大幅增加在美投资，与这个委员会没少打交道，从中积累了很多经验教训。在此前不久，飞利浦公司总部也拒绝了中国一家基金28亿美元的注资，因为注资机构想购买飞利浦位于美国加州的发光二极管业务，这个委员会表示要先调查；同样是因为不愿承担收购无法获得该委员会批准的风险，美国飞兆半导体公司也于此前拒绝了中国华润微电子和华创投资的收购提议。对于类似情景，习近平总书记把希望寄托在中国科技界的自尊自强上。"实践告诉我们，自力更生是中华民族自立于世界民族之林的奋斗基点，自主创新是我们攀登世界科技高峰的必由之路。问题看到了，就要以时不我待的精神，快马加鞭改变这个局面。不能说了很多年，最后老是没有根本改变。当然，自主创新不是闭门造车，不是单打独斗，不是排斥学习先进，不是把自己封闭于世界之外。我们要更加积极地开展国际科技交流合作，用好国际国内两种科技资源。"[1]

2013年8月21日，习近平总书记在听取科技部汇报时指出，我们科技总体上与发达国家比有差距，要采取"非对称"赶超战略，发挥自己的优势，特别是到2050年都不可能赶上的核心技术领域，要研究"非对称"性赶超措施，在国际上，没有核心技术的优势就没有政治上的强势。在关键领域、卡脖子的地方要下大功夫。军事上也是如此。

---

[1] 习近平：《在中国科学院第十七次院士大会、中国工程院第十二次院士大会上的讲话》（2014年6月9日），载《人民日报》2014年6月10日。

未来几年，我国科技创新工作将紧紧围绕深入实施国家"十三五"规划纲要和《国家创新驱动发展战略纲要》，为中国制造2025、"互联网+"、网络强国、"一带一路"、京津冀协同发展、长江经济带、军民融合发展等国家战略实施提供有力支撑，充分发挥科技创新在推动产业迈向中高端、提升发展新动能、拓展发展新空间、提高发展质量和效益中的核心引领作用。

一是实施关系全局和长远的重大科技项目。要在实施好前期已有的国家科技重大专项的基础上，立足当下，着眼长远，面向2030年再部署一批体现国家战略意图的重大科技项目，发挥我国制度优势，积极探索社会主义市场经济条件下科技创新的新型举国体制，完善重大项目组织模式，争取早日在战略必争领域突破重大关键核心技术，开辟新的产业发展方向，培育新的经济增长点，为夺取战略制高点、促进产业变革，提升我国综合竞争力、保障国家安全提供强大支撑。

二是构建具有国际竞争力的产业技术体系。针对我国产业国际竞争力不强的弱项短板，强化重点领域关键环节的重大技术开发，在产业转型升级和新兴产业培育上突破技术瓶颈，加强现代农业、新一代信息技术、智能制造、能源等领域的一体化部署，加大颠覆性技术创新，构建结构合理、先进管用、开放兼容、自主可控的技术体系，为我国产业加速迈向全球价值链中高端提供强有力的支撑。

三是健全支撑民生改善和可持续发展的技术体系。面对人民群众日益增长的美好生活需要，围绕改善民生和促进可持续发展的迫切需求，以增强人们的获得感为目标，加大资源环境、人口健康、新型城镇化、公共安全等领域核心关键技术攻关和转化应用的力度，形成系统性技术解决方案，为打造绿色发展方式和生活方式，全面提升人民生活品质和促进可持续发展提供技术支撑。

四是建立保障国家安全和战略利益的技术体系。以确保我国国家安全和发展利益为指向，全方位加强深海、深地、深空、深蓝等领域的战略高技术部署，提升战略空间探测、开发和利用能力，为维护和保障国家安全提供技术支撑。

三、更多依靠创新驱动、发挥先发优势引领发展

我们追求的创新发展，不是一般的科技进步，而是更多依靠创新驱动、更多发挥先发优势的引领型发展。当前，我国科技创新已经进入了新阶段、站上了新平台，在经济社会发展全局中的地位和作用较之以往更加突出。在改革开放之初，由于我国生产力落后，科技水平不高，我们讲得比较多的是发挥后发优势，制定的目标是实现追赶型发展；经过近40年的"跟跑"，我们现在要更多地发挥先发优势，从追赶型发展逐步转变为引领型发展。

在以往相当长的一个时期，我们之所以强调要发挥后发优势，是因为当时无论我国的经济水平，还是我国的科技水平，同西方发达国家相比存在很大差距，我们实行大规模的对外开放，就是希望可以通过学习借鉴快速提高科技水平和发展水平。比如，引进消化吸收再创新就是发挥后发优势的典型路径。历史证明，这条路是一条成功的发展之路。在改革开放以来的发展实践中，我们通过发挥后发优势、大力借鉴国际成功经验，同时充分发挥我们自己集成创新的优势，在较短

的时间内提高了我国的科技水平,并实现了持续快速发展。但同时,我们从一开始就没有放弃自力更生、自主创新。可以说,原子弹和氢弹关键技术的突破,就是自力更生、自主创新的成功的典范。当初在研制氢弹过程中,没有任何可供参考的成熟的资料,氢弹的关键技术至今仍然是保密的。当时我国的科技人员只有从最基本的概念和知识开始着手,从《中子输运理论》《爆轰原理》和《超音速流和冲击波》等书来进行有关研究。我们完全依靠自己的力量,在"一穷二白"的条件下创造了一系列的科技奇迹,并取得人工胰岛素和青蒿素等重大科技成果。改革开放以来,我国科技事业再接再厉,创造了新辉煌,如已稳居世界首位的超算、连续40多年保持安全的核能、居于世界领先地位的高铁、快速发展的航天技术等。这些成绩来之不易,凝结着全体科技工作的心血和汗水。今后,我们还要继续发挥已经取得的科技优势,同时不断创造新的优势,特别是要使市场在科技资源配置中起决定性作用,更好发挥政府作用,形成推动科技创新的不竭动力和无尽活力,在尽可能短的时间内使我国整体科技水平跃居世界前列,更好地推动经济转型升级、引领经济社会发展。

习近平总书记反复强调,当前我国科技创新已步入以跟踪为主转向跟踪和并跑、领跑并存的新阶段。应该看到,经过多年持续不懈的努力,我国已经建立了比较雄厚的科技和经济基础,在经济实力、科技投入、人才力量、设备水平、研发水平等多个方面已逐步接近世界先进水平,在这种情况下,靠引进技术越来越难以满足经济社会发展需求。推动我国经济转型升级、提升我国产业在国际分工中的地位,迫切需要科技创新再上一个新的台阶,迫切需要我们在一些领域继续发挥后发优势的同时，努力在更多的领域争取先发优势，创造越来越多的领先科技成果以领跑全球。从历史经验和当前国际竞争实际中不难发现，一个国家只有发挥先发优势，建立领先型经济，才能在世界经济结构大调整中占据制高点，才能实现中高端水平的发展，才能在竞争中赢得优势。受新一轮科技革命和产业变革的影响，当下的国际竞争越来越成为以高端技术为支点的产业链竞争。我国如不能在一些重要领域和关键环节形成先发优势，就会陷入被动，甚至被挤出市场。

由发挥后发优势为主转向更多发挥先发优势既是可能的，也是有规律可循的。这个规律就是被世界历史证明了的科技发展不平衡规律，也称科技跨越式发展规律，即原来落后的国家或地区在一定条件下可以跨越至先进行列。回顾世界科技发展史，先有意大利超越东方，再有英国超越意大利，接着美国超越英国，然后德国和日本也跃升到世界前列。当前，中国已经成为世界第二大经济体，对于中国能否实现科技创新的跨越式发展，我们应该坚定信心、具备勇气，并努力为此创造条件。如果能够抓住历史机遇实现这一伟大跨越，不仅将破解我国经济社会发展中遇到的难题，而且将厚植我国发展优势，引领我国经济社会发展全局发生深刻变革。

2017年5月，阿尔法围棋（AlphaGo）以3∶0的战绩击败人类围棋顶尖选手柯洁。这是人工智能发展史上具有标志性意义的事件。可以预见，人工智能的发展必将对人类社会产生重大影响，甚至会影响未来国际格局。在人工智能领域，我国必须做好战略谋划，迎头赶上。现在全球市值排名最靠前的几大公司都是美国的科技公司，这几大公司目前在人工智能领域已全面布局。因为高等教育发展水平较高，其他发达国家在人工智能领域也具有一定优势。例如，阿尔法围棋的研发团队来自牛津大学，德国工业机器人和物联网的发展水平领先世界，日本在机器人和精细生产等方面占有优势地位。与欧美和日本相比，我国正在成为世界人工智能领域的新增长极。强大的学习和创新能力使我国具备良好的赶超基础，未来一段时间有望改变在人工智能技术上的相对弱势地位。2017年7月，国务院印发《新一代人工智能发展规划》，提出了面向2030年我国新一代人工智能发展的指导思想、战略目标、重点任务和保障措施，对构筑我国人工智能发展的先发优势，加快建设创新型国家和世界科技强国进行部署。推动我国人工智能发展，既要努力培育与国外大公司可以一争高下的全球性大公司，又要通过建立企业孵化器等手段激活一大批人工智能领域的小型创业公司。《规划》确立了我国新一代人工智能发展"三步走"目标：到2020年人工智能总体技术和应用与世界先进水平同步；到2025年人工智能基础理论实现重大突破、技术与应用部分达到世界领先水平；到2030年人工智能理论、技术与应用总体达到世界领先水平，成为世界主要人工智能创新中心。

第二节　加快创新型国家建设步伐

在2006年1月的全国科技大会上，我国首次明确提出了建设创新型国家的宏伟目标，并在当年印发了《国家中长期科学和技术发展规划纲要（2006—2020年）》，对我国科技发展作出了全面规划部署，明确提出走中国特色自主创新道路，把增强自主创新能力作为调整产

第五章
坚定不移走中国特色自主创新道路

业结构、转变发展方式的中心环节。在 2007 年党的十七大报告中,党中央又明确指出,提高自主创新能力,建设创新型国家,是国家发展战略的核心,是提高综合国力的关键。2012 年 7 月 2 日,中共中央、国务院印发《关于深化科技体制改革加快国家创新体系建设的意见》,对深化科技体制改革,加快创新型国家建设进一步作出重要部署。党的十九大报告再次强调,要"加快建设创新型国家"。

一、建设创新型国家是综合分析世界发展大势和我国所处历史阶段提出的面向未来的重大战略

建设创新型国家是当今世界发达国家的共同选择。所谓创新型国家,是指那些以科技创新作为国家基本战略,借助科技创新能力的大幅度提高,形成日益强大竞争优势的国家。从通用的指标体系分析,目前世界有 20 个左右的国家被公认为创新型国家。这些创新型国家的共同特征是:创新综合指数明显高于其他国家,科技进步贡献率在 70% 以上,研发投入占 GDP 的比例一般在 2% 以上,对外技术依存度指标一般在 30% 以下。

新世纪以来,随着新一轮科技革命和产业变革的兴起,世界主要国家纷纷寻找科技创新的突破口,以抢占未来发展先机。自 2009 年起,美国开始发布《美国创新战略》,用于指导联邦管理局工作,确保美国持续引领全球创新经济、开发未来产业以及协助美国克服经济社会发展中遇到的重重困难。2015 年 10 月底,白宫再次发布《美国创新新战略》(*New Strategy for American Innovation*),主要力挺先进制造、精密医疗、大脑计划等9大战略领域的创新。最近20年来，英国政府明确将科学和创新列为英国长期经济计划的核心，加大投入、锐意改革，紧锣密鼓地集中和整合科技资源。2007年，布朗政府改组教育与技能部，成立了一个新的创新、大学与技能部，以最大限度地利用研究基础来支持所有部门的创新；整合了原贸易与工业部和大学的科学研究资源，建立起一个开放活跃的知识经济体系。2009年，创新、大学与技能部与商务、企业与改革部合并，成立了新的商务、创新与技能部。2014年底，商务、创新和技能部制定国家科技战略，计划5年投资59亿英镑用于科学发明和技术创新，重点发展超低碳汽车、生命科学和医药以及尖端制造业。法国政府建立"战略投资基金"，主要用于对能源、汽车、航空和防务等战略企业的投资与入股，等等。

一国一地区的发展路径，基本上可以分为资源型、创新型和依附型三种方式。我国虽然地大物博，但人口众多，各种资源的人均占有量都处于世界较低水平，自然资源禀赋不占优势，只能从后面两种选择。曾经有一种舆论认为，创新不必都"自主"，为了能跟上世界先进水平，可以花钱到发达国家去购买产业升级所需要的关键技术。其实，如果真的这样做了，也是依附型发展的一种。在改革开放的初期，我们经历了"市场换技术""资源换技术"的阶段，在短时间内使我国的生产能力和技术水平有了一个较大幅度的提高，也取得了很多实际成果。但是，像我们这样一个发展中的社会主义大国，是不可能只依靠引进技术来满足自身发展需求的，更不能寄希望于他人来替我们解决发展所急需的核心技术和战略性科技问题。

如果我们科学技术的基础领域和重要行业的核心技术始终依附于

第五章 ★★★
坚定不移走中国特色自主创新道路

他人，久而久之必然事事受制于人，不仅仰人鼻息，甚至危及自身。最典型的例子是芯片行业。目前全世界核心的芯片几乎都掌握在美国手里，大到核心中央处理器（CPU）芯片、网络路由器芯片、全球定位系统（GPS）芯片，小到手机基带芯片、摄像机、照相机芯片，这些电子产品的核心处理器几乎都是由美国企业所垄断的。当我们去购买这些产品时，不仅要付出较大的成本和巨额的资金，而且会给国家安全打开一个又一个的后门。这就好像一个仓库，你安装了再多的门锁也没用，因为后门钥匙在人家美国人手里。"棱镜门"事件所揭秘的，仅仅是冰山一角。

古语有言："虽有千黄金，无如我斗粟；斗粟自可饱，千金何所直。"钱再多也买不来核心技术、买不来创新能力，唯有"斗粟"在手方可高枕安寝。这些年来，虽然我国的科技水平有了快速发展，但我国的对外技术依存度仍然在50%以上，总体上距创新型国家还有相当大的差距，急需尽快扭转。我们只有以科技创新为核心，增强科技进步对经济增长的贡献度，形成新的增长动力源泉，早日成为创新型国家，才能从根本上化解关键技术受制于人、资源能源问题突出、企业创新能力低下、产业升级艰难等一系列挑战，为中国经济社会的持续健康发展开辟新境界。

建设创新型国家战略实施以来，重大科技创新成果不断涌现出来，科技创新在经济社会发展中的贡献率逐年提高，科技进步对经济社会的贡献率在2015年是55.3%。在2016年"两会"上，《政府工作报告》指出，要着力实施创新驱动发展战略，促进科技与经济深度融合，提高实体经济的整体素质和竞争力。到2020年，全社会研发经费投入强度达到2.5%，科技进步对经济增长的贡献率达到60%。实践证明，建设创新型国家，对于推动我国经济社会又好又快发展，增强综合国力和核心竞争力，全面建成小康社会，实现"两个一百年"奋斗目标和实现中华民族伟大复兴，具有重大现实意义和深远历史意义。

二、当前我国已经进入建设世界创新强国的关键阶段

建设创新型国家的基本内涵，一是把增强自主创新能力作为发展科学技术的战略基点，坚持走中国特色自主创新道路，推动科学技术的跨越式发展；二是把增强自主创新能力作为转变经济发展方式、调整产业结构的中心环节，努力建设资源节约型、环境友好型社会，推动国民经济又好又快发展；三是把增强自主创新能力作为国家战略，贯穿到我国社会主义现代化建设各个方面，激发全民族的创新精神，培养高水平创新人才，形成有利于自主创新的体制机制，大力推进理论创新、实践创新、制度创新、文化创新、科技创新，不断巩固和发展中国特色社会主义伟大事业。

1985年，我国开启了科技体制改革的大幕，逐年实现了创新发展的历史性跨越。载人航天和探月工程、超级计算机、载人深潜、中微子振荡、量子反常霍尔效应、诱导多功能干细胞等近期取得的重大成果，成为我国创新体系的骄傲。而在基础研究领域，中国科学家对全球科学论文的贡献多年来一直排在全球第二，高水平论文近年来也位居世界前列。中国科学院发布的《2015科学发展报告》显示，当年中国科技论文发表总量世界第二，在世界上仅次于美国，论文总引用次数位

第五章 ★★★
坚定不移走中国特色自主创新道路

居世界第四,而且与排名第二位、第三位的德国和英国非常接近。在专利产出方面,中国不但本土专利申请增长迅猛,在 2015 年成为全球第一个在单年内收到专利申请超过百万件的国家,在国际专利申请方面的成绩也同样让人惊艳。根据世界知识产权组织的统计,2016 年中国通过专利合作条约(PCT)申请的专利数量超过 43000 件,位居世界第三,同期日本以约 45000 件排名第二。在 PCT 专利申请前 50 家企业中,中国企业占据 5 席,其中中兴、华为两家公司更是分列冠亚军。在 Strategy& 公司统计的全球 1000 家创新公司(The 2014 Global Innovation 1000)中,中国企业数量、研发投入、营业收入所占份额的增长,均远远超过世界其他国家和地区。在《麻省理工科技评论》最新发布的 2017 年全球 50 家最聪明(Smart)公司中,共有 9 家中国企业上榜(含两家台湾地区公司)。也正因为如此,在瑞士洛桑国际管理发展学院(IMD)发布的 2017 年度全球竞争力排名中,中国从上一年的 25 名跃升至第 18 名。而在世界知识产权组织,康奈尔大学等发布的《2017 年全球创新指数报告》中,中国的排名也从去年的第 25 位升至第 22 位,并且是前 25 名中唯一的中等收入国家。可以说,我国已进入建设世界创新强国的关键发展阶段。

但是,我们也必须清醒看到,通往世界创新强国的道路并非一马平川,我国建设世界创新强国还面临一系列挑战。从国际层面看,首先,以人工智能、大数据、物联网、新能源汽车等为代表的新一轮科技与产业革命呼之欲出,而西方发达国家在这些产业部门和关键技术方面具有传统优势,并且各主要发达国家包括新兴工业化国家均加强了在相关领域的部署和争夺。其次,我们在开放合作的同时也面临更加激烈的竞争，面对我国科技领域的发展进步，西方国家在开放中设禁区，在合作中有防范，甚至是或明或暗地采取一些新形式的"封锁"，如制造国际交流与人才流动的技术障碍、发起对我国的跨国专利诉讼等。再次，长期以来，受计划经济时代的影响，我国在经济、社会、科技管理领域形成了"内外有别"的管理体制，国际人才来华学习、就业、生活、发展等仍面临各种各样的障碍，国际组织、大学、科研机构来华"落户"与开展业务等仍存在种种限制，国内人员、企业和各类机构开展对外合作与交流仍然受制于一些僵化乃至过时的规定，不利于创新要素在全球范围内的优化配置。最后，从民间到官方，从科技工作者、企业人士到政府官员，由于经验不足，对现有国际组织与渠道的利用不够，对参与全球科技创新治理的规则与途径不熟悉、不了解，缺少相关议题下的利益协调与解决方案提供能力。

从国内层面看，首先，区域发展不平衡对制定和执行创新发展战略提出了更高要求。我国经济社会发展存在着较大的地域差别，东部沿海一些地方已进入信息化时代，能跟上甚至走在国际科技发展前沿，有的还成为国际创新发展的策源地；中部和东北地区的很多地方仍然处在工业化阶段，工业基础雄厚但技术相对落后，大量传统制造业亟待转型升级；西部不少地方受自然条件的影响，传统农业仍然占很大比重，技术水平落后，劳动生产率低下。要使整个国家成为创新型国家，就不能坐视这种区域发展差距的长期存在，谋划创新发展必须看到这一国情，更加全面综合地制定和执行创新发展战略。其次，创新模式多元给创新政策制定增加了难度。在一些重大基础设施、国家战略需求、公益性较强的领域，政府发挥集中力量办大事的优势，形成了具有中国特色的战略导向型创新模式，组织推动移动通信、载人航天、北斗导航、高速铁路等领域取得重大创新成果。以企业间充分竞争为基础的市场竞争型创新模式则提高了各个行业的技术水平，增强了我国产业发展的国际竞争力。此外，在数字经济领域，还产生了百度、阿里巴巴、腾讯等数字经济新星，形成了创新发展的互联网经济创新模式。如何针对不同类型的创新模式出台恰当的创新政策等，这是对政府的公共政策水平提出的新的更高要求。再次，创新体系还存在一些老大难问题需要加快解决。比如，大学和科研院所的人事及薪酬制度远远落后于时代要求；我国科研项目和经费管理体制还有很多不完善之处；知识产权保护薄弱的顽疾仍然未能完全消除困扰。此外，如何营造产业巨头与中小微企业共存的市场生态，如何改革创新政府支持创新的公共政策，如何在鼓励创新的同时有效规避创新风险，这些都是我们必须思考和回答的问题。

三、加速迈进创新型国家行列，加快建设世界科技强国

"十三五"时期是我国全面建成小康社会和进入创新型国家行列的决胜期。2016年8月，国务院印发《"十三五"国家科技创新规划》，明确提出了未来5年国家科技创新的指导思想、总体要求、战略任务和改革举措。《规划》确立的"十三五"时期科技创新的指导思想是：坚持"五位一体"总体布局和"四个全面"战略布局，坚持创新、协调、绿色、开放、共享发展理念，坚持自主创新、重点跨越、支撑发展、引领未来的指导方针，坚持创新是引领发展的第一动力，把创新摆在

国家发展全局的核心位置,以深入实施创新驱动发展战略、支撑供给侧结构性改革为主线,全面深化科技体制改革,大力推进以科技创新为核心的全面创新,着力增强自主创新能力,着力建设创新型人才队伍,着力扩大科技开放合作,着力推进大众创业万众创新,塑造更多依靠创新驱动、更多发挥先发优势的引领型发展,确保如期进入创新型国家行列,为建成世界科技强国奠定坚实基础,为实现"两个一百年"奋斗目标和中华民族伟大复兴中国梦提供强大动力。

《规划》还为我们描绘了未来五年科技创新发展的蓝图,确立了"十三五"科技创新的总体目标:国家科技实力和创新能力大幅跃升,国家综合创新能力世界排名进入前15位,迈进创新型国家行列;创新驱动发展成效显著,与2015年相比,科技进步贡献率从55.3%提高到60%,知识密集型服务业增加值占国内生产总值的比例从15.6%提高到20%;科技创新能力显著增强,通过《专利合作条约》(PCT)途径提交的专利申请量比2015年翻一番,研发投入强度达到2.5%。

《规划》围绕支撑国家重大战略,充分发挥科技创新在推动产业迈向中高端、增添发展新动能、拓展发展新空间、提高发展质量和效益中的核心引领作用,重点强化六方面的任务部署。一是围绕构筑国家先发优势,加强兼顾当前和长远的重大战略布局。二是围绕增强原始创新能力,培育重要战略创新力量。三是围绕拓展创新发展空间,统筹国内国际两个大局。四是围绕推进大众创业万众创新,构建良好创新创业生态。五是围绕破除束缚创新和成果转化的制度障碍,全面深化科技体制改革。六是围绕夯实创新的群众和社会基础,加强科普和创新文化建设。

第五章 ★★★
坚定不移走中国特色自主创新道路

近些年,国家陆续发布了多个涉及科学技术的规划,但《"十三五"国家科技创新规划》是国家首次将"科技创新"作为一个整体进行顶层规划。它不仅关注科学技术研究、改革和发展,更是面向经济社会发展主战场,面向科技前沿,面向国家重大战略需求,从创新的全链条进行的一次整体规划,体系化地提出在深海、深蓝、深空、深地等能够拓展国家战略利益、保证国家战略优势的领域的考虑部署。这是中国特色社会主义进入新时代我国吹响建设世界科技强国号角后的第一个科技创新规划。我们有理由相信,到2020年时我国进入创新型国家行列,到2030年时我国跻身创新型国家前列,到中华人民共和国成立100年时我国成为世界科技强国的梦想必会实现。

第三节 增强自主创新能力

实现建设创新型国家的奋斗目标,必须通过走中国特色自主创新道路方能达到。习近平总书记指出:"自力更生是中华民族自立于世界民族之林的奋斗基点,自主创新是我们攀登世界科技高峰的必由之路。问题看到了,就要以时不我待的精神,快马加鞭改变这个局面。"[①]走中国特色自主创新道路,就要求我们坚持自主创新、重点跨越、支撑发展、引领未来的指导方针,把提高自主创新能力摆在突出位置,大幅度提高国家竞争力。只有把核心技术掌握在自己手中,才能真正掌

---

① 习近平:《在中国科学院第十七次院士大会、中国工程院第十二次院士大会上的讲话》(2014年6月9日),载《人民日报》2014年6月10日。

握竞争和发展的主动权。我们要有强烈的创新自信，走前人没有走过的路，努力在自主创新上大有作为。

一、自力更生是中华民族自立于世界民族之林的奋斗基点

科技领域是一个无形的竞技场，在关系国民经济命脉和国家安全的关键领域，真正的核心技术、关键技术是买不来的，也是市场换不来的。2015年3月5日，习近平总书记在参加十二届全国人大三次会议上海代表团审议时的讲话中指出：实施创新驱动发展战略，根本在于增强自主创新能力。面对科技创新发展新趋势，世界主要国家都在寻找科技创新的突破口，抢占未来经济科技发展的先机。我们不能在这场科技创新的大赛场上落伍，必须迎头赶上、奋起直追、力争超越，赢得主动、赢得优势、赢得未来。我国发展到现在这个阶段，不仅从别人那里拿到关键核心技术不可能，就是想拿到一般的高技术也是很难的，西方发达国家有一种教会了徒弟、饿死了师父的心理，所以立足点要放在自主创新上。如果这些关键核心技术不掌握在我们自己手中，我们就会受制于人，丧失发展的主动权。自力更生，走中国特色自主创新道路，就要把核心关键技术牢牢掌握在自己手中，科学研判世界科技发展新态势，超前谋划布局，切实加大投入，抢占先机，努力在前瞻性、战略性领域占有一席之地。

近些年中国航天发展迅速，载人航天工程、探月工程、火星工程、空间站工程，实现中国人的飞天梦，探索无垠的宇宙，需要大推力的火箭，以便把更多的科研设备送入太空。然而十几年前，中国的火箭

第五章
坚定不移走中国特色自主创新道路

推力要滞后于中国航天的整体发展,要掌握大推力火箭的液氧煤油发动机这个最核心的技术,必须依靠中国科学家自主研发。经过10多年的不懈攻关,如今我国科学家终于攻克了液氧煤油发动机的核心技术。液氧煤油发动机的研制成功,为我国载人航天工程、月球探测工程以及下一步深空探测工程奠定坚实的基础,为中国在太空领域的竞争提供强大的保证,具有重要的战略意义。

历史的经验告诫我们,落后就要挨打。在科技创新的道路上,指望别人给予帮助,只能缓解暂时的需求,但长此以往却容易产生依赖,被束缚住。因此关键还是要靠自己的力量,自主创新与供给,才是长远发展的必由之路。回望历史,自中华人民共和国成立以来,我们建立起现代科学技术体系,从一穷二白成长为科技大国,走出了一条中国特色的科技发展道路,靠的就是独立自主。从"向科学进军"到"科学技术是第一生产力",从"科教兴国""人才强国"到"建设创新型国家",无不寄托着现代中国人对于改变落后面貌的强烈渴望,每一句口号的背后,都彰显着党和政府对于科学技术的高度重视。特别是近年来,我国充分运用"社会主义制度能够集中力量办大事"这一制度优势,加强统筹协调,大力开展协同创新,形成了推进自主创新的强大合力,打造了一批具有国际竞争力的高科技制造龙头企业。这些伟大科技成就的取得,凝结着无数科技工作者的心血和智慧,是自力更生、走中国特色自主创新道路的成功典范。

习近平总书记以强大的创新自信和探索精神,坚持以马克思主义指导中国创新发展新实践,不断探索自主创新的特点规律,统筹谋划中国特色自主创新道路,并围绕如何走、怎么走的问题发表了一系列重

一个真实的创新中国

要讲话，提出了许多新思想、新观点、新论断，展示了在科技革命和产业变革中中国自主创新发展的大格局、大战略。2014年5月，习近平总书记在上海考察时指出："我们在世界尖端水平上一定要有自信，这也源于我们道路、理论、制度和文化的自信。我们在一些领域已接近或达到世界先进水平，完全有能力在新的起点上实现更大跨越。"[①] 他还强调，我们是一个大国，在科技创新上要有自己的东西。习近平总书记要求科技界共同努力，树立敢为天下先的志向和信心，敢于走别人没有走过的路，不断开拓新的方向，在攻坚克难中追求卓越，勇于创造引领世界潮流的科技成果。

自力更生、坚持走中国特色自主创新道路，除了要有强大的创新自信，还要始终保持脚踏实地、真抓实干的奉献精神。科技创新之路从来就是一条崎岖不平的险途，每一项科技成果的取得，都是经历艰难的探索甚至是巨大风险才得以实现的。从"两弹一星"到载人航天，每一项科技进步都凝结着广大科技工作者辛勤的汗水和心血。离开了中国航天人几十年的埋头苦干、默默奉献、大胆创新，就不会突破一批具有自主知识产权的核心技术，就没有今天中国航天的惊世壮举。面对世界科技发展的大势，面对日趋激烈的国际科技竞争，只有具备老老实实、扎扎实实、踏踏实实的科学态度，发扬不为名利所惑的无私奉献精神，才能把握先机，赢得发展的主动权。

---

① 《习近平在湖北考察改革发展工作时强调坚定不移全面深化改革开放脚踏实地推动经济社会发展》，载《人民日报》2013年7月24日第1版。

二、坚持自主创新、重点跨越、支撑发展、引领未来的指导方针

在"自主创新、重点跨越、支撑发展、引领未来"的十六字指导方针中,自主创新是指从增强国家创新能力出发,加强原始创新、集成创新和引进消化吸收再创新。坚持自主创新,一是要加强原始创新,努力获得更多的科学发现和技术发明;二是要加强集成创新,使各种相关技术有机融合,形成具有市场竞争力的产品和产业;三是要在引进国外先进技术的基础上,积极促进消化吸收和再创新。我们必须清醒地认识到,我国科技创新基础还不牢,自主创新特别是原创力还不强,关键领域核心技术受制于人的格局没有从根本上改变。比如在网络安全和信息化建设中,我国操作系统、核心芯片等关键技术瓶颈仍未根本突破。具有自主知识产权的产品少,核心技术对外依存度较高,产业发展需要的高端设备、关键零部件和元器件、关键材料等大多依赖进口。我国在国际分工中尚处于技术含量和附加值较低的"制造—加工—组装"环节,在附加值较高的研发、设计等环节缺乏竞争力。

重点跨越是指坚持有所为、有所不为,选择具有一定基础和优势、关系国计民生和国家安全的关键领域,集中力量、重点突破,实现跨越式发展。实现重点跨越是加快我国科技发展的有效途径。改革开放以来,我们已经具有了这样的成功实践。当代科学技术革命和产业革命的迅猛发展,为我国实现重点领域的跨越发展带来了重要机遇,我们完全有可能在广泛吸收国外先进科技成果的基础上,在具有相对优势的关键技术领域取得突破。我们要摒弃无所作为,盲目迷信他人的

思想，紧紧抓住稍纵即逝的发展机遇，在重点领域内实现新跨越。

支撑发展是指从现实的紧迫需求出发，着力突破重大关键、共性技术，支撑经济社会的持续协调发展。支撑发展是我国科技发展的现实要求。我国未来的经济发展，面临着稳增长、促改革、调结构、惠民生的多重任务，面临着提升传统产业和培育发展新兴产业的双重要求。科学技术对于经济发展的作用愈发重要，必须要从当前的紧迫需求出发，着力解决制约经济发展的各种重大技术瓶颈，切实解决人口、资源与环境等发展方面所需的重大科技问题，加快先进适用技术的推广应用和产业化，保持国民经济长期稳定增长，实现经济结构的战略调整，促进人与自然、经济与社会的全面、协调、可持续发展。

引领未来是指着眼长远，超前部署前沿技术和基础研究，创造新的市场需求，培育新兴产业，引领未来经济社会发展。引领未来是我国科技发展的长期根本任务。科学技术不仅要支撑现实经济社会发展，还必须未雨绸缪，为未来的经济社会发展奠定可靠的基础和能力，成为引领经济持续发展的主要力量。近代科技发展史表明，任何新兴领域的产业，特别是对处于萌芽和初生阶段的技术而言，在开始的时候都面临随时夭折的危险，总是需要及早给予大量的投入和精心呵护。那些在科技领域和产业发展方面占据领先地位的国家，很大程度上都是来自于这些国家的超前战略部署。科技要引领未来，就要对科学技术发展超前部署，不断探索新的发展方向，创造新的市场需求，开拓新的就业空间，引导经济社会进入新的发展阶段。

在上述方针中，核心是自主创新，关键是重点跨越。我们一定要把增强自主创新能力作为发展科学技术的战略基点，使我国的科技进步

第五章 ★★★
坚定不移走中国特色自主创新道路

牢牢建立在自主创新的基础之上，推动中国制造向中国创造转变。这既是我国应对未来挑战的重大选择，也是实现建设创新型国家目标的根本途径。在自力更生、走中国特色自主创新道路上，面对科技竞争发展新趋势，习近平总书记强调，要牢牢把握科技进步大方向，瞄准世界科技前沿领域和顶尖水平，力争在基础科技领域有大的创新，在关键核心技术领域取得大的突破。他亲自为中国核心科技点题，要求在大数据、先进制造、量子调控、人造生命等领域取得突破和进展。2014年6月13日，在中央财经领导小组第六次会议上，习近平总书记就提出了新能源领域需要集中攻关的十几个项目，包括大型海上风电、高效太阳能发电、生物液体燃料、深海油气勘探、页岩油气以及先进超超临界发电和燃气汽轮、纯电动汽车、高温气冷堆核电、快中子反应堆核电等。在比较了中国与发达国家特别是美国的科技差距后，2013年9月30日，习近平总书记在中央政治局第九次集体学习时的讲话中强调，我国科技如何赶超国际先进水平？要采取"非对称"战略，更好发挥自己的优势，在关键领域、卡脖子的地方下大功夫。在《关于〈中共中央关于制定国民经济和社会发展第十三个五年规划的建议〉的说明》中，习近平总书记还亲自部署了一批体现国家战略意图的重大科技项目，其中航空发动机被排在第一位。2016年3月2日，中国航空发动机集团有限公司正式组建成立，由此一个专门攻克中国航空业"心脏病"的"巨无霸公司"横空出世，这将成为继高铁、核电之后中国高端制造业的第三张名片。

三、建立一个适应科学技术发展的机制和创新体系

习近平总书记深刻洞察世界科技发展趋势，不断深化我们党对科技事业发展规律的认识，为我国科技事业发展固本强基、抢占先机，在实践中不断增强自主创新能力、优化总体布局，做出了一系列战略研判，为提高我国自主创新能力指明了行动方向。党的十九大报告指出，要"加强国家创新体系建设，强化战略科技力量"。

其一，夯实科技基础，在重要科技领域跻身世界领先行列。世界科技史表明，科学基础雄厚，才能顺应时代潮流，牢牢抓住科技革命机遇；在重要科技领域处于领跑地位，才能依靠科技革命实现民族振兴。习近平总书记指出："我国同发达国家的科技经济实力差距主要体现在创新能力上。提高创新能力，必须夯实自主创新的物质技术基础。"[①] 当前，我国发展还面临重大科技瓶颈，科技创新能力特别是原创能力与世界科技强国相比还有很大差距。这就要求我们必须增强紧迫感，及时确立适合中国国情的发展战略，在增强独创独有上下功夫，勇于挑战最前沿的科学问题，提出更多原创理论，作出更多原创发现，要力争在较短的时间内在重要科技领域实现跨越发展，跟上甚至引领世界科技发展新方向，掌握新一轮全球科技竞争的战略主动。

其二，强化战略导向，破解创新发展科技难题。习近平总书记强调指出："党中央已经确定了我国科技面向 2030 年的长远战略，决定实施一批重大科技项目和工程，要围绕国家重大战略需求，着力攻破关键核心技

[①] 习近平：《关于〈中共中央关于制定国民经济和社会发展第十三个五年规划的建议〉的说明》，载《人民日报》2015 年 11 月 4 日。

第五章
坚定不移走中国特色自主创新道路

术，抢占事关长远和全局的科技战略制高点。"①要强化国家战略科技力量，实施重大科技任务攻关，完善国家大型科技基础设施，依托最有优势的创新单元，整合全国创新资源，建立目标导向、绩效管理、协同攻关、开放共享的新型运行机制，建设突破型、引领型、平台型一体的国家实验室，将其打造成为攻坚克难、引领发展的战略科技力量，与各类科研机构、大学、企业研发机构形成功能互补、良性互动的协同创新新格局。

其三，加强智库建设，建设具有较大影响力和国际知名度的高质量智库。智库，也叫思想库，指的是稳定的、相对独立的、专业化的政策学术研究机构。在大国崛起的背后，往往都能看到智库的活跃身影。冷战结束后的20多年间，美国保持了全球第一强国的地位。而让世界各国印象深刻的是，正是世界上数量最多、实力最强的智库团队，才支撑美国大国战略。在美国，大到国家安全、对外关系和发展战略，小到退休金调整、街区制、社区卫生站开放和儿童午餐发放，到处都有美国智库的影子。可以说，美国强大的影响力是建立在强大的美国智库基础上的。

着眼未来，世界战略创新的竞争实质上就是大国智库的较量。由美国宾夕法尼亚大学智库研究项目（TTCSP）研究编写的《全球智库报告2016》显示，2016年全球共有智库6846家，其中北美洲智库数量最多，拥有1931家；美国是世界上拥有智库数量最多的国家，有1835家。中国依然是世界第二智库大国，拥有智库数量达到435家。英国和印度智库数量位列中国之后，分别拥有288家和280家。但在宾夕法尼亚大学发表的最重要的"全球智库150强榜单"中，中国仅有中国社会科学院、中国国际问

---

① 《全国科技创新大会两院院士大会中国科协第九次全国代表大会在京召开》，载《人民日报》2016年5月31日。

一个真实的创新中国

题研究院、国务院发展研究中心、中国现代国际关系研究院、上海国际问题研究院、北京大学国际战略研究院、中国人民大学重阳金融研究院等7家智库入围。其中排名最高的是中国社会科学院，名列第27位。这在一定程度上反映了中国智库的创新力和影响力与美国相比，尚有很大差距。

党的十八大报告提出："坚持科学决策、民主决策、依法决策，健全决策机制和程序，发挥思想库作用。"这是"思想库"这一新概念首次出现在党代会报告中。2015年1月，中办、国办印发了《关于加强中国特色新型智库建设的意见》，提出中国智库建设的总体目标是到2020年，形成定位明晰、特色鲜明、规模适度、布局合理的中国特色新型智库体系，重点建设一批具有较大影响力和国际知名度的高端智库。2013年4月，习近平总书记对建设中国特色智库作出重要批示，首次提出建设"中国特色新型智库"的目标，将智库发展视为国家软实力的重要组成部分，并提升到国家战略的高度。这集中反映了习近平总书记对于创新中国智库的紧迫感和危机感，也表明振兴中国智库已上升至以习近平同志为核心的党中央治国理政的国家战略层面。2014年10月27日，在中央全面深化改革领导小组第六次会议上，习近平总书记提出："要从推动科学决策、民主决策，推进国家治理体系和治理能力现代化、增强国家软实力的战略高度，把中国特色新型智库建设作为一项重大而紧迫的任务切实抓好。"[1]并强调我们必须善于集中各方面智慧、凝聚最广泛力量，重点建设一批具有较大影响和国际影响力的高端智库，重视专业化智库建设。在习近平总书记的亲自推动下，中国智库建设速度明显加快。

---

[1] 《习近平主持召开中央全面深化改革领导小组第六次会议强调学习贯彻党的十八届四中全会精神运用法治思维和法治方式推进改革》，载《人民日报》2014年10月28日第1版。

第六章
健全军民融合创新机制

进入中国特色社会主义新时代，我们党从国家安全和发展战略全局出发，科学统筹经济建设和国防建设，鲜明提出了军民深度融合的时代命题，并将之上升为国家战略，强调"实现强军目标，必须同心协力做好军民融合深度发展这篇大文章"①。2014年8月29日，在中共中央政治局第十七次集体学习时的讲话中，习近平总书记指出："要坚定不移走军民融合式创新之路，在更广范围、更高层次、更深程度上把军事创新体系纳入国家创新体系之中，实现两个体系相互兼容同步发展，使军事创新得到强力支持和持续推动。"②这深刻反映了科技发展和技术创新的客观规律，顺应了世界科技革命、产业革命和新军事革命发展大势，为新形势下开辟了军民融合式发展新境界、实现富国与强军统一指明了前进方向。

---

① 《习近平在出席解放军代表团全体会议时强调以改革创新精神开拓国防和军队建设新局面为实现党在新形势下的强军目标而努力奋斗》，载《人民日报》2014年3月12日。
② 《习近平在中共中央政治局第十七次集体学习时强调准确把握世界军事发展新趋势与时俱进大力推进军事创新》，载《人民日报》2014年8月31日。

一个真实的创新中国

第一节　加快建立军民融合创新体系

习近平总书记指出："军民融合是国家战略，关乎国家安全和发展全局，既是兴国之举，又是强军之策。"[①]深入推进创新驱动战略，加快建立军民融合创新体系，是以习近平同志为核心的党中央在推动国家现代化建设和实现"两个一百年"奋斗目标过程中作出的路径规划，是我们党长期探索经济建设和国防建设协调发展规律的经验总结，也是从国家安全和发展战略全局出发作出的重大决策。

一、军民融合创新体系是实现富国与强军相统一的科技创新体系

着眼实现富国和强军的统一，以习近平同志为核心的党中央将军民融合发展上升为国家战略，作为国防和军队改革的三大任务之一，明确提出要加快形成全要素、多领域和高效益的军民融合深度发展格局。实施军民融合发展战略的实质，就是为了更好地统筹经济建设与国防建设。过去我们讲经济建设与国防建设的关系，说的是"军民结合"，现在变化为"军民融合"，如果做一个比喻的话，那么前者相当于"物

[①]《习近平在参观第二届军民融合发展高技术成果展时强调加快形成军民深度融合发展格局为实现中国梦强军梦作出新的更大的贡献》，载《人民日报》2016年10月20日。

第六章
健全军民融合创新机制

理变化",后者则相当于"化学反应"。"军民融合"相比"军民结合",蕴含的要求就是在更大范围、更高层次、更深程度上将国防融入国家经济社会发展体系之中,使经济建设和国防建设资源共享、协调发展、平衡发展、兼容发展,以实现资源的最佳配置和充分利用,达到经济建设国防效益最大化和国防建设经济效益最大化。

军民融合创新体系,是指着眼于国防科技与民用科技的科学、协调、快速发展,建立完善军民融合、寓军于民的武器装备科研生产体系,在国家科学技术中长期发展规划下开展国防科学技术研究,通过信息互通、资源共享、良性互动、融合发展,吸纳成熟的民用先进技术,并加快军用技术和民用技术之间的相互转化,实现军民科技创新资源的合理配置和有效利用,军民科技双向顺畅转移,军民两用科技统筹发展,整体提升国家科技自主创新能力,推动国防与经济建设协调发展,最终实现富国与强军相统一的科技创新体系。建立军民融合创新体系的核心思想,就是推动经济建设和国防建设良性互动,努力实现富国和强军的统一。

从内涵和能力上分析,科学完善的军民融合创新体系应具备以下基本标志:一是建立完善的军民融合科技管理体系,军民两用科技统筹发展;二是国防科技创新体系根植于国家科技创新体系;三是民口科研机构和企业平等参与国防科技研究,军口科研机构积极承担民用科技任务;四是军、民技术双向顺畅转移;五是建立军民结合、军民共用的科技基础条件平台;六是国家科技实力和科技创新能力明显提高,满足经济社会发展和国防现代化建设的双重需要。

结合我国科技创新实际,军民融合创新体系的构成主要包括:一是创新实体，包括军口、民口高等院校、科研机构，军工和相关民口企业等创新力量；二是政府和军队科技管理部门，包括科技部、工信部、中国科学院、教育部、自然科学基金委、中央军委装备发展部，地方政府有关部门等；三是创新中介服务机构，如各类知识产权服务机构、科技创新信息交流平台等。上述三类要素，在国家科技创新相关制度环境下，从事包括基础研究、应用研究、技术开发到产品研发生产在内的科技创新和应用活动。尽管各类要素发挥的作用各有侧重，但总体上是在军民融合科技创新框架下，着眼实现富国强军相统一的战略目标，通过军民结合的顶层规划机制和投入管理机制，促进军民科技创新各领域、各要素的深度融合，满足国家经济社会发展和国防建设的战略需求。

二、建立军民融合创新体系是党中央治国理政的重大决策

科技强则国家强，科技兴则军队兴。将强国梦和强军梦有机结合，推进军民融合深度发展，是近年来习近平总书记反复强调的重大课题。党的十八大作出"坚持走中国特色军民融合式发展路子，坚持富国与强军相统一"的战略部署后，自2013年十二届全国人大一次会议起，习近平总书记每年都会出席解放军代表团全体会议。而"军民融合"则是他发言中必然提及的重大战略。

2015年3月12日，习近平总书记在出席十二届全国人大三次会议解放军代表团全体会议时强调："把军民融合发展上升为国家战略，是我们长期探索经济建设和国防建设协调发展规律的重大成果，是从

第六章
健全军民融合创新机制

国家安全和发展战略全局出发作出的重大决策。"①2016年10月19日，习近平总书记在参观第二届军民融合发展高技术成果展时，强调军民融合"关乎国家安全和发展全局，既是兴国之举，又是强军之策"。2013年3月11日，习近平总书记指出："要统筹经济建设和国防建设，努力实现富国和强军的统一。进一步做好军民融合式发展这篇大文章，坚持需求牵引、国家主导，努力形成基础设施和重要领域军民深度融合的发展格局。"②2014年3月11日，习近平总书记强调："实现强军目标，必须同心协力做好军民融合深度发展这篇大文章，既要发挥国家主导作用，又要发挥市场的作用，努力形成全要素、多领域、高效益的军民融合深度发展格局。"③2015年3月12日，习近平总书记指出："要强化改革创新，着力解决制约军民融合发展的体制性障碍、结构性矛盾、政策性问题，努力形成统一领导、军地协调、顺畅高效的组织管理体系，国家主导、需求牵引、市场运作相统一的工作运行体系，系统完备、衔接配套、有效激励的政策制度体系。"④2016年3月13日，习近平总书记强调："要把军队创新纳入国家创新体系，大力开展军民协同创新，探索建立有利于国防科技创新的体制机制，推进军民融合深度发展。"⑤

---

① 《习近平在出席解放军代表团全体会议时强调深入实施军民融合发展战略努力开创强军兴军新局面》，载《人民日报》2015年3月13日。
② 《习近平在解放军代表团全体会议上强调牢牢把握党在新形势下的强军目标努力建设一支听党指挥能打胜仗作风优良的人民军队》，载《人民日报》2013年3月12日。
③ 《习近平在出席解放军代表团全体会议时强调以改革创新精神开拓国防和军队建设新局面为实现党在新形势下的强军目标而努力奋斗》，载《人民日报》2014年3月12日。
④ 《习近平在出席解放军代表团全体会议时强调深入实施军民融合发展战略努力开创强军兴军新局面》，载《人民日报》2015年3月13日。
⑤ 《习近平在出席解放军代表团全体会议时强调全面实施创新驱动发展战略推动国防和军队建设实现新跨越》，载《人民日报》2016年3月14日。

一个真实的创新中国

2017年3月12日，在出席十二届全国人大五次会议解放军代表团全体会议时，习近平总书记更是深刻指出，科技进步深刻改变着人类生产生活方式，也深刻影响着世界军事发展走向。随着科学技术快速发展，国家战略竞争力、社会生产力、军队战斗力的耦合关联越来越紧，国防经济和社会经济、军用技术和民用技术的融合度越来越深。我们必须增强紧迫感，以更大决心和力度抓紧推动科技创新和进步。① 只有深入实施军民融合发展战略，加大军民协同创新，才能最大限度发挥各方面优势，形成推进科技创新的整体合力。为此，我们要立足经济社会发展和科技进步的深厚土壤，顺势而为、乘势而上，深入实施军民融合发展战略，开展军民协同创新，推动军民科技基础要素融合，加快建立军民融合创新体系，下更大气力推动科技兴军，坚持向科技创新要战斗力，为我军建设提供强大科技支撑。②

中国特色社会主义进入新时代，深化国防和军队改革、促进军民融合的路线图徐徐展开。国防科技工业军民融合发展进入崭新阶段，北斗导航卫星实现厘米级定位、长征七号运载火箭成功发射、大数据应用于国防科技创新……2016年3月25日，习近平总书记主持召开中共中央政治局会议，审议通过《关于经济建设和国防建设融合发展的意见》；2016年7月，该《意见》由中共中央、国务院、中央军委印发，成为中华人民共和国成立以来指导经济建设和国防建设融合发展的第一个纲领性文件。根据该文件，到2020年时，经济建设和国防建设融

---

① 《习近平在出席解放军代表团全体会议时强调加快建立军民融合创新体系为我军建设提供强大科技支撑》，载《人民日报》2017年3月13日。
② 《习近平在出席解放军代表团全体会议时强调加快建立军民融合创新体系为我军建设提供强大科技支撑》，载《人民日报》2017年3月13日。

合发展的体制机制更加成熟定型，政策法规体系进一步完善，重点领域融合取得重大进展，先进技术、产业产品、基础设施等军民共用协调性进一步增强，基本形成军民深度融合发展的基础领域资源共享体系、中国特色先进国防科技工业体系、军民科技协同创新体系、军事人才培养体系、军队保障社会化体系、国防动员体系。2017年1月22日，习近平总书记主持召开中共中央政治局会议，决定设立中央军民融合发展委员会，由习近平总书记任主任。中央军民融合发展委员会是中央层面军民融合发展重大问题的决策和议事协调机构，统一领导军民融合深度发展，向中央政治局、中央政治局常务委员会负责。6月20日，习近平总书记主持召开中央军民融合发展委员会成立后的第一次全体会议，这标志着军民融合加速推进。

三、加快建立军民融合创新体系是当代中国发展的客观需要

建立起军民融合创新体系既是中国经济社会发展的内在要求，又是实现富国强军的必由之路，也是世界主要国家的共同选择。当前，国内外科技和军事领域正发生深刻变化，世界正处在科技创新突破和新科技革命的前夜，新军事革命加速发展，新一轮产业革命即将到来；我国创新型国家建设正在全面推进，国防和军队现代化建设进入关键阶段。在更高水平上实现国防和经济社会的创新驱动发展，对科技发展提出了更高要求，加快军民融合创新体系建设具有突出的现实和长远意义。

第一，加快建立军民融合创新体系是维护国家安全的需求。科技的

军民属性发生深刻变化，科技发展对国家经济与国防安全影响越来越大，发展军民两用性科技成为世界各国科技创新的主要趋势。随着全球化信息化快速发展，国与国之间的利益交相重叠、相互渗透，新一轮科技革命、产业革命与军事革命的加速推进、复合影响，国家安全内涵发生很大变化，维护国家安全不再仅仅依赖军事手段，而是更多地转向以科技创新为核心的经济、政治、军事及科技等综合性手段。维护国家安全离不开强劲的科技创新能力，而科技创新日益呈现群体突破交叉融合的趋势，要求打破军民界限，推动国防科技创新的军民融合发展。尤其是，随着更多的先进技术应用到军事领域，武器装备的技术含量不断提高、结构复杂，其研制生产需要各类先进的技术设备和工艺，这些都超出传统国防科技创新体系能力范围，需要获得整个国家的科技基础和工业基础的支持。此时，打破军民分离的状态，建立起军民融合的国防科技创新体系，既能够充分利用民用高新技术的开发力量和技术储备来提高国防科技的创新能力，加速在科技前沿的关键领域取得重大技术突破，抢占国防科技发展的制高点。同时，又能充分利用民用高新技术产业的先进技术设备和工艺来加快先进武器装备的研制生产。建立这种既能推动经济发展又能满足军事需求的军民融合式国防科技创新体系，对更好维护国家安全具有重要意义。

第二，加快建立军民融合创新体系是适应世界新军事革命的战略选择。新一轮军事革命正在世界范围内加速发展。战场空间和作战力量向空天、海洋、网络空间、无人等新的领域深入拓展，武器装备呈现信息化、智能化、一体化发展趋势，战争形态、作战样式、军队编成等将发生深刻变革，军事领域的竞争日趋向科学技术前移。直面世界

第六章 ★★★
健全军民融合创新机制

新军事革命蓬勃发展的态势，虽然近年来我国国防科技和武器装备发展取得了巨大成就，但基础差、底子薄的问题依然存在，新一代装备发展技术储备不足的现象逐渐凸显，器件、动力、材料、工艺等工业基础薄弱问题日趋突出。更好谋划国防科技和武器装备发展，必须坚持走军民融合创新发展之路，将国防科技的发展融入国家科技发展之中，充分利用民用科技多年发展积累的先进科研成果、高素质科技人才和高水平科研平台，推动国防科技和武器装备实现自主跨越式发展，为积极抢占新军事革命的制高点提供有力支撑。

第三，加快建立军民融合创新体系是把握新科技革命重大机遇的有效途径。当今世界处在科学技术创新突破和新科学技术革命的前夜，随着科学技术各个领域之间相互渗透，技术转化为产品和形成生产力的周期越来越短，军民技术间的鸿沟和壁垒逐渐消除，军民共用先进技术日趋增多，民用需求推动科技发展的作用不断提高，发展速度和水平逐渐赶上和超过相应的军用技术。科技发展的特点和规律，对现有军民分离的科技创新体系提出了严峻的挑战。建设军民融合创新体系，能够为我国长期存在的国防科技与民用科技"两张皮"现象提供有效解决办法，为我国技术创新、知识创新、国防科技创新能力的提高提供制度保障，为科学把握科技革命重大机遇实现战斗力生成模式和经济发展方式双重转变奠定基础。

第四，加快建立军民融合创新体系是推动创新型国家建设的重要举措。我国正在实施创新驱动发展战略，全面推进创新型国家建设，力争到2020年，基本建成适应社会主义市场经济体制、符合科技发展规律的中国特色国家创新体系，进入创新型国家行列。创新驱动发展的内涵既包括依靠科技创新驱动经济发展，也包括依靠科技创新驱动国防和军队现代化建设，军民科技融合发展是实现创新驱动发展的关键，建设军民融合科技创新体系是实施创新驱动发展战略的重要举措。国家创新体系是由多个子体系组成的复杂系统，只有促进国防科技创新体系与技术创新体系、知识创新体系、区域创新体系和科技中介服务体系的协调发展，强化相互支撑和联动，提高整体效能，才能建设完善的国家创新体系。军民融合创新体系将国防科技创新体系融入国家科技创新体系，实现军民科技的协调发展，是创新型国家建设的重要内容。

第五，加快建立军民融合创新体系是提高国家研发投入效益的内在需求。党的十八大报告提出，在当代中国，坚持发展是硬道理的本质要求，就是坚持科学发展。要适应国内外经济形势新变化，把推动发展的立足点转到提高质量和效益上来，着力创新驱动发展的新动力，更多依靠科技进步、劳动者素质提高、管理创新驱动。要处理好政府和市场的关系，更加尊重市场规律，更好发挥政府作用。在新形势下加快军民融合创新体系建设，就必须改变过去军民科技创新体系自成系统、自我封闭的格局，将国防科技创新体系融入国家科技创新体系，建设军民结合的科研设备共享平台、军地科技资源开放平台、军民结合的国家重点实验室，能够推动军民两大科技创新资源互通、互补、互动，实现两者的有机结合，既为国防科技发展服务，又为民用科技发展服务，一份投入，两份产出，提高国家研发投入的效益。

第二节 培育先行先试的创新示范载体

军民融合发展作为国家战略，不仅是重要的战略理念，而且是具体的工作要求。《关于经济建设和国防建设融合发展的意见》指出，"我国军民融合发展刚进入由初步融合向深度融合的过渡阶段"，这就准确地揭示了我国军民融合创新体系建设的阶段性特征。2017年3月12日，习近平总书记指出，经过长期发展，我国经济实力、科技实力大幅提升，我们完全有条件把科技领域军民融合搞得更好一些、更快一些。[①] 同时他还指出，推动科技兴军必须在国家战略布局中统筹谋划，加强同国家战略规划对接。

一、我国军民融合创新体系建设的主要进展和存在问题

自2015年党和国家将军民融合发展上升为国家战略以来，在全国范围内、无论是顶层筹划，还是具体领域，军民融合创新体系建设都在全面提速。

第一，党和国家对军民融合的认识达到新境界，军民融合创新体系建设作为重大改革举措纳入整体方案。在党中央和习近平总书记明确提出"把军民融合发展上升为国家战略"后，这一发展战略已经成为

---

① 《习近平在出席解放军代表团全体会议时强调加快建立军民融合创新体系为我军建设提供强大科技支撑》，载《人民日报》2017年3月13日。

全民共识，上升为统一的国家意志。《关于经济建设和国防建设融合发展的意见》提出军地双方要"把军民融合的理念和要求贯穿经济建设和国防建设全过程，按照职责分工抓好经济建设和国防建设融合发展工作，一件一件督导推进，确保责任到位、措施到位、落实到位"。在组织管理体系方面，国家和各省、自治区、直辖市的军民融合领导机构也已基本组建到位。国家发改委和解放军战略规划办公室分别成立了军民融合职能部门，作为军队和地方牵头组织军民融合创新体系建设的机构。

第二，两大主体积极互动，统筹经济建设和国防建设的行动更加自觉有力。在"十三五"规划纲要中明确提出要"在经济建设中贯彻国防需求，在国防建设中合理兼顾民用需要"。为了体现和落实这一战略规划，国家发改委会同解放军战略规划办公室组织完成了"十三五"经济建设和国防建设融合发展专项规划编制工作。这个专项规划专门制定和明确了我国2020年前深入实施军民融合发展战略的指导思想、基本原则、主要内容、实施要求等，是经济建设和国防建设融合发展的顶层设计和纲领性文件，为军地各级做好军民融合创新体系建设提供了基本遵循。

第三，国防科技工业和武器装备领域阶段性成果明显，新亮点突出。建立了武器装备科研生产领域跨部门协作机制，国务院和军队20多个部门联合组成的部际协调小组积极协调有关任务落实。2014年5月，中央军委装备发展部颁布《关于引导优势民营企业参与武器装备科研生产和维修的措施意见》和《竞争性装备采购管理规定》等政策措施，降低了民企参军的"门槛"。据统计，按照新的规定获得武器装备承

第六章
健全军民融合创新机制

制单位资格的民营企业比前两年增加40%；同时，武器装备科研生产许可项目由2000余项减至700余项。2016年8月，武器装备预先研究项目指南首次在网上发布，民营企业参加比例达到15%。国家国防科工局还组织实施了《国防科技工业军民融合深度发展"十三五"规划》、《推进国防科技工业军民融合深度发展的若干政策措施》以及2015年、2016年军民融合专项行动计划，等等。

在出席十二届全国人大三次会议解放军代表团全体会议上的讲话中，习近平总书记指出："长期以来，军地各级按照党中央部署要求，在军民融合发展上积极探索实践，取得了丰硕成果，促进了经济实力和国防实力的同步增长。同时要看到，我国军民融合发展刚进入由初步融合向深度融合的过渡阶段，还存在思想观念跟不上、顶层统筹统管体制缺乏、政策法规和运行机制滞后、工作执行力度不够等问题。要坚持问题牵引，拿出思路举措，以强烈的责任担当推动问题的解决，正确把握和处理经济建设和国防建设的关系，使两者协调发展、平衡发展、兼容发展。"①

近年来，军民融合科技创新体系建设虽取得显著进展，但受多种因素制约，一些长期存在的突出矛盾和问题没有从根本上得到解决，国防科技创新系统和民用科技创新系统分离的格局没有发生根本改变，制约科技创新的体制机制障碍、政策法规不健全、竞争环境不够公平、资源共享程度偏低等制度性和结构性矛盾依然存在，军民融合的范围还比较窄，层次不够高，融合程度有限，尚未建立军民良性互动、协

---

① 《习近平在出席解放军代表团全体会议时强调深入实施军民融合发展战略努力开创强军兴军新局面》，载《人民日报》2015年3月13日。

调发展的军民融合创新体系。具体说来，存在的主要问题包括：

第一，思想观念跟不上。一些部门和地区的领导对军民融合的内涵要义和实现路径的理解把握还有较大差距，认为军民融合无所不包，将军民融合创新发展的概念泛化，认为只要涉及军与民、军队与地方之间的事都是军民融合；还有些领导片面认为军民融合创新发展就是"地方帮军队""经济建设支持国防建设"，看法有失偏颇，忽视了国防建设促进经济社会发展、富国与强军统一的内在要求。

第二，利益掣肘尚未消除。军民融合创新体系建设进展缓慢，关键是各种错综复杂的矛盾、利益纠葛影响了军民融合创新发展的进程，致使军民融合还处于非常初步的阶段。一些部门和单位存在本位主义和部门保护主义思想，对军民融合的理解仅仅是站在自身的角度或本行业、本地区的角度，没有站在国家和国防战略发展全局的高度去认识，缺乏大局、统筹意识和开放心态。遇到"融"别人的事情就很积极，而当需要被别人"融"的时候就很不乐意，共享别人资源很积极，分享自己的资源也不乐意。

第三，重复建设仍比较严重。目前还没有形成一个纵向贯通、横向兼容、政令畅通、运行高效、统一组织的领导管理体制，也没能建立起系统完善、科学规范、运行有效的保障体制。由于信息不畅和沟通不力，军地之间在基础设施建设、信息化建设、人才建设和院校建设等诸多方面仍有各自为战的情况，造成统筹不够、资源闲置浪费问题，一些地区创建的军民融合园区缺乏自身特色，存在同质化现象。

第四，全社会优势资源没有得到充分利用。虽然为了尽快建设军民融合创新体系，政府和军队出台了一系列促进民参军、军转民的政策，但高等院校、科研机构和民用科研生产力量的作用发挥不够,特别是对于民营企业来讲,进入军品科研生产和维修领域还面临一扇扇"玻璃门""弹簧门"和"旋转门",传统军工垄断武器装备领域的局面没有明显改变。

五是政策制度体系建设滞后。目前,围绕我国军民融合发展的立法,无论是在内容还是在实施上均跟不上形势发展需要。从现有的立法规范来看,大多数是行政规章,缺乏以全国人大及全国人大常委会名义颁布的对军地双方均有较强法律约束力的更高位阶的法律。特别是在军民融合创新体系建设方面,针对武器装备科研生产和国防科技工业领域的立法范围有限,虽有安排但进展迟缓,在基本建设、人才培养等方面存在诸多空白,制约着军民融合创新发展整体效益与巨大潜力的发挥。

二、准确把握国防科技工业军民融合发展的重点

国防科技工业是国家的战略性产业,也是维护国家安全和加强国防建设的支柱性产业,既属于国防建设的范畴,又属于经济建设的领域。对于军队而言,国防科技工业是"地方"、属"民";对经济社会领域而言,国防科技工业是"军工"、属"军"。因此,国防科技工业是天然的军民融合载体,也是军民融合最为重要的领域。新中国成立以来,经过几十年的不懈努力,我国国防科技工业有了突飞猛进的发展,实现了由单一军品向军民结合的产业结构转变。新形势下,国防科技工业要继续坚持寓军于民,坚持植根国家科技和工业基础,积极

融入国家"大安全、大防务"体系之中,主动融入国民经济体系之中,加快由军民结合推进到军民融合深度发展。

实现国防科技工作军民融合深度发展,必须始终坚持以国家战略为牵引。要从国防科技工业"军"与"民"的双重属性出发,牢牢把握国防建设和经济建设这两个需求,不断强化改革和创新这两大动力,充分发挥政府和市场这两个作用,切实抓好法治军工和人才队伍两大支撑,在新起点上更好地"支撑国防军队建设、推动科学技术进步、服务经济社会发展",下大力实现武器装备发展从跟踪研仿为主转向自主创新为主,科研生产体系从传统封闭转向全社会优质资源开放融合,军工经济发展从增量扩能转向产业提质增效升级,建设中国特色国防科技工业体系,为国家安全提供更有效的力量保障。要加大军民资源共享的力度,减少重复浪费,实现国防建设降本增效,为新常态下的经济结构调整和发展方式转变发挥更大的辐射带动作用。要着力构建军民科技协同创新体制,顺应时代潮流,适应发展需要,为赢得未来竞争优势提供更有力的科技支撑。要着眼服务国防和军队建设,把作战需求转化为装备需求,为"能打仗、打胜仗"提供更加坚实的物质技术基础。要超前规划,重视海洋、太空、网络空间等领域的军民融合发展,把握先机,抢占经济、科技、军事竞争的制高点,建设海洋强国、航天强国、网络强国。

实现国防科技工作军民融合深度发展,必须始终坚持问题导向。不可否认,我国军民融合创新发展在近年来取得了重要进展,但发展过程中还存在着体制性障碍、结构性矛盾、政策性问题。具体到国防科技工业,主要是顶层设计不够,规划统筹不细;寓军于民不够,市场作用不彰；资源共享不够，效益效率不高，对国民经济发展的辐射带动作用发挥不充分。从国家安全与发展的长远利益和全局利益着眼，我们要以强烈的责任担当去推动这些问题的解决，走出一条投入少、效益高的军民融合发展路子。为此，要以改革为动力，着力健全国防科技工业体系，确立形成中央领导、国家主导、军地协同、市场作用的体制机制。要以法制为保障，修改完善国防科技工业法律法规，将国防科研生产管理和武器装备采购纳入法治化轨道。要以强军为引领，汇聚各种社会创新资源和要素，突破关键技术和设备受制于人的制约。要以开放增活力，建立军工行业开放格局，打造"小核心、大协作、专业化、开放型"的科研生产体系。要以需求为导向，体现军民融合载体的作用，实现国防武器装备和民用高端装备的协调发展，提高资源使用效能，降低国防建设成本，实现军民良性互动、协调发展。

三、发挥好高等院校在军民融合创新体系建设中的作用

构建全要素、多领域、高效益的军民融合创新体系，需要多个部门分工参与，高等院校肩负着原始创新、技术转化的功能与职责，是其中的重要组成部分。

推进高等院校的军民融合创新发展，首先要强化科技创新，打造龙头工程。在我国的高等教育院校布局中，有相当一批高等院校具有国防特色，这些高等院校长期面向国防开展人才培养和科学研究，具有学科专业优势。在推动军民融合创新体系建设中，应以优势国防特色学科专业为依托，深化高等院校与军队及国防工业部门在国防装备

体系、高精尖装备、核心关键技术等方面的协同创新。在此过程中，高等院校应主动拓展融合创新的范围，丰富融合创新的形式，设立技术转移中心，以市场化为原则打造完备的军民融合技术转移转化体系，在扩大"民参军"范围和比重的同时，推动"军转民"，加大国防科技成果向民营企业、民用领域转化的力度，站在军民融合创新发展的前线。

推进高等院校的军民融合创新发展，要与当前正在开展的高等院校"双一流"建设密切结合。既要强化高等院校原有学科基础，着眼建设一流的基础学科和前沿交叉学科，培育战略性新兴学科，又要以国防特色学科为引领，形成基础学科与国防学科的交叉、融合，在推动基础学科自身建设发展中为国防学科赋予新的发展内涵。既要支持高等院校大力开展原创性研究，厚植创新基础，又要面向国防和军队建设，使研究成果能够直接服务国防科技创新及军事背景应用。

推进高等院校的军民融合创新发展，要自觉服从国家重大战略规划布局。近年来，国家先后制定了京津冀协同发展、雄安新区建设、"一带一路"建设、长江经济带发展等重大优化经济发展空间格局，随着这些战略的进一步深入推进，带动经济增长的巨大潜力将会进一步显现。在此过程中，高等院校要从自己的区位优势、学科优势出发，积极参与到军民融合创新园、军民融合创新经济圈、军民融合协同创新带的建设当中去，努力把国防科技创新融入国家发展战略、融入地方经济发展，既推进军民融合，也对当地经济产生带动作用。

四、加快建设军民融合创新示范区

党的十八届五中全会《决定》提出,要打造一批军民融合创新示范区,通过示范区先行先试,总结经验,逐步推广,增强先进技术、产业产品、基础设施等军民共用的协调性。根据《决定》精神,建设国家军民融合创新示范区,要突出重大需求融合对接和要素资源融合共享,精心选择那些战略地位突出、军事需求明确、具有引导带动作用的地区,率先启动一批军民融合创新示范区建设,积极发挥国家级新区、经济开发区、高新区和各类试验区的作用,加大资源整合,探索军民融合新体制新机制,完善军民融合产业链、创新链,打造各类军民融合公共服务平台,形成一批可复制、可推广的经验和做法。在党的十八届五中全会之后,在相关配套政策的引导下,各地掀起了军民融合创新示范区(园区、基地)建设的高潮,各地政府对此都十分关注。其实,早在2009年,国家工业和信息化部就已经开展了军民融合创新示范工作。当时,依托国家新型工业化产业示范基地创建工作,工业和信息化部开展了国家级军民融合产业基地的培育和认定,截至2016年底,先后分7个批次认定挂牌了32个国家级军民融合产业基地。为进一步落实好党的十八届五中全会精神,国家国防科工局现在也正筹划建立国防科技工业军民融合创新示范基地。

更为有效地推进军民融合创新示范区建设,要做好战略统筹工作,防止一窝蜂、一阵风,应深入研究如何从各地具体实际出发,根据国家安全发展和不同区域的特色优势,对军民融合创新示范区进行合理布局,并科学确定不同地区的创新示范的战略定位;应对由中央军民融合发展委员会领导的国家级军民融合创新示范区、由工业和信息化部负责的国家级军民融合产业基地和国防科工局主责的国防科技工业军民融合创新示范基地之间的区别和功能界限进行必要的厘定,形成合理的梯次结构,避免军民融合创新示范区(基地)建设的低水平同质化竞争;应对不同功能的军民融合创新示范区进行分门别类,加快解决军民融合创新示范区建设的体制机制、运行模式、政策制度、创新服务平台等问题。

第三节　拓展军民融合发展新空间

国家军民融合创新体系,是一项极具复杂性、长期性和艰巨性的战略工程。习近平总书记指出,要推动搞好顶层设计和战略筹划,推动国防科技和武器装备军民融合,推动军地合力培育军事人才,推动体制机制和政策制度改革,加快我军建设向质量效能型和科技密集型转变。① 新形势下加快推进军民融合创新体系建设,必须站在统筹经济和国防建设的高度,紧密结合我国建设创新型国家进程,必须通过完善体制机制、做好重点领域、健全政策法规、构建融合平台、加强队伍建设等战略举措,努力形成重要领域军民深度融合的发展格局,切实打牢富国强军的科技基础。

---

① 《习近平在出席解放军代表团全体会议时强调加快建立军民融合创新体系为我军建设提供强大科技支撑》,载《人民日报》2017 年 3 月 13 日。

第六章 ★★★
健全军民融合创新机制

一、完善健全军民融合创新宏观决策与管理体制机制

在 2014 年全军装备工作会议上,习近平总书记指出,要坚持军民融合深度发展,结合深化改革,加快建立推动军民融合发展的统一领导、军地协调、需求对接、资源共享机制,扎实推动国防科技和装备领域军民融合深度发展。①适应新形势下加快建设军民融合创新体系面临的时代特征、战略环境和发展要求,要立足当前和未来国家安全和发展全局,深化推进军民融合创新体制机制的改革、调整和完善,通过制度创新、体制创新和机制创新,切实解决军民融合创新中存在的单一、分散、割裂、重复建设以及相互制约等问题。

健全完善推进军民融合式发展的组织领导体制。在中央军民融合发展委员会的统一指导下,发挥"全国一盘棋"的统筹作用,就军民融合的指导思想、发展方向、融合途径、体制机制、政策措施、重大项目布局等,形成党和国家的战略性决定,统筹民用和军用的战略需求、资源配置和建设重点,制定我国科技资源合理配置的重大方针政策,加快形成统一协调中央与地方、政府与军队,协力推进军民融合式发展的组织领导体制。

推动科技创新的部委级高层领导的会商和协调。决策层面的共识是执行层面深入推进基础研究成果向国防科技转化的重要基础。目前,科技部、自然科学基金委、中国科学院、中国工程院等部门已经建立了国家科技口部委领导间的交流会商机制,围绕国家科技发展的总体

---

① 《习近平在出席全军装备工作会议时强调加快构建适应履行使命要求的装备体系为实现强军梦提供强大物质技术支撑》,载《人民日报》2014 年 12 月 5 日。

规划、各部门的工作合作等问题定期进行会商，为推进民口科学研究的统筹协调发展奠定了较好基础。应加强中央军委装备发展部与国家科技部、自然科学基金委、中国科学院等部门高层领导的定期交流会商，在服务国家重大战略需求的大背景下，确定双方的合作意向与合作定位，从决策层面促进国家科技创新成果向国防领域转化应用。建立规范化的、制度化的军方科技管理部门和民口科技管理部门的沟通交流机制，提高交流的深度和成效，推动民口科技成果向国防科技转化应用。

加强统筹经济建设和国防建设规划的实施管理。以统筹经济建设和国防建设"十二五"规划为例，国家在规划中已明确了基础领域、产业发展、科技创新等统筹重点，提出了包括空间基准、地理空间信息基础设施、电磁频谱管理、卫星导航应用等在内的统筹经济建设和国防建设重大工程。国家发展和改革委员会、中央军委战略规划办公室应进一步搞好规划目标分解和任务分工，明确政府和军队有关部门的工作责任与完成时限，从战略规划实施落实的实际出发，对规划目标的建设内容、建设项目、完成时限等进行量化，提出具体建设标准和要求，进行规划执行情况监督检查，开展对规划实施的考核评价，牵头组织有关业务主管部门对重大工程建设方案进行统筹协调。政府、军队相关部门按照本规划部署安排和任务分工，组织实施本部门、本领域统筹建设，完成规划明确的相关任务。重大工程牵头单位会同参与单位制定具体建设方案，送国家发展和改革委员会、中央军委战略规划办公室统筹协调，按照有关规定和程序报批后，按现行职能分工和管理渠道组织实施。

二、积极推进军民两用重要科技领域和重大科技项目建设

习近平总书记强调:"武器装备是军队现代化的重要标志,是国家安全和民族复兴的重要支撑。"①国家重大科技计划和科技工程是解决国家重大科技问题的有效途径,更是推动军民融合创新体系建设的重要抓手。要进一步发挥重大科技计划和科技工程的示范作用,统筹部署基础性、战略性、前瞻性重大科技项目,有效带动军民融合创新体系建设。

抓好基础研究领域的军民融合式发展。基础研究是国防科技创新的源头和武器装备发展的基础,是促使新技术、新武器产生的重要源泉。随着新军事变革不断向纵深发展,世界国防科技竞争进一步向原始创新前移,基础研究的地位和作用更加凸现,加快"能打仗、打胜仗"战略目标的实现,也在很大程度上取决于基础研究能否为武器装备建设提供原创动力。经过多年积累,我国民口基础研究整体实力和学术水平显著增强,已进入量的扩张向质的提高的重要跃升期,在对国家经济社会发展发挥基础支撑和前瞻引领作用的同时,也将为国防科技和武器装备可持续发展提供重要支撑。当前,尤其要积极推动国家基础研究成果民为军用,在国家、军队现有的管理体制框架下,建立以军方为主导的基础研究成果民为军用集中统一领导和分层实施机制,建立面向基础研究管理部门和广大科学家的成果征集机制和渠道,建

---

① 《习近平在出席全军装备工作会议时强调加快构建适应履行使命要求的装备体系为实现强军梦提供强大物质技术支撑》,载《人民日报》2014年12月5日。

立基础研究转化投入机制，打通军民信息交流渠道、弥补转化鸿沟，形成军事需求和国家基础研究成果转化衔接的桥梁和渠道，努力形成基础研究成果向装备科技转化的良好态势。

推动军民两用技术重要领域的融合式发展。要着眼国家持久战略安全和经济社会长远发展，探索研究重点科技领域的军民融合创新问题，切实推动军民两用重要领域的融合式发展，打牢增强国家整体科技创新能力的基础和支撑。当前，要重点关注空天、海洋、信息等军民两用科技领域，这些领域关系国家安全和战略性新兴产业培育，在国家科技创新体系中具有重要的骨干和支撑作用，同时经过国家多年建设已发展具有良好基础，正处于进一步提高竞争力的重要阶段。要围绕航天、航空、信息、海洋等领域尽早实现国际一流竞争力，满足国家战略安全需求，充分利用新兴科技发展的机遇，通过建设高水平基础研究机构和加大基础研究投入，提高军民共用的科技创新基础能力，加强产学研合作，推动军民融合的完整创新链与产业链构建优化等措施，加速重点科技领域不断缩短与世界一流的差距，努力实现在更广范围、更高层次、更深程度上实现军民融合，扎实推进国家军民融合科技创新体系建设。

以重大科技专项工程牵引军民融合式发展。组织实施重大科技专项工程，不仅是整合社会资源、增强我国国防科技自主创新能力的强力引擎，更是支撑我国经济社会发展现实需要的战略选择。当前，一方面，要结合国家中长期重大科技专项、重大基础设施规划、统筹经济建设和国防建设重大工程等重大专项的实施，发挥我国集中力量办大事的制度优势，加快攻克事关全局和长远的科技难关，带动国家自主创新能力、工业基础能力的整体提高和相关产业的跨越发展。另一方面，还要统筹新形势下国防建设和经济建设的长远需要，包括军事航天、战略预警、防空反导、战略机动、信息攻防、远海防卫、无人作战等新型作战力量和陆、海、空、天、电新一代骨干装备发展，包括经济建设领域的信息通信、智能交通、再生能源、海洋开发、装备制造、生物制药等产业发展需要，深入论证军民两用技术重大专项，拟制两用技术发展规划，发布两用技术发展指南，加快两用技术及其产业发展。

三、推动科技资源开放共享和重大项目协同攻关机制建设

针对当前我国信息、设施、智力等科技领域资源分散、条块分割、行业壁垒、共享困难等突出问题，迫切需要有效健全促进科技资源开放共享和重大项目协同攻关的有效机制，通过提高优质科技资源开放共享水平，促进重大项目协同攻关，形成军民科技协同创新的整体合力。

建立完善科技资源开放共享化机制。立足国家科技和工业基础，加快建立健全开放共享的运行服务管理模式和支持方式，整合各类科技资源，重点推进大型科学仪器设备、信息资源、重大科技基础设施等科技基础条件平台建设，加快建立健全开放共享的运行服务管理模式和支持方式。立足国家科技和工业基础，加快推进军用特殊关键仪器设备、软件等的国产化、自主化。依据科技创新的需要，建立高等院校、民用科研机构与国防科研机构的资源共享平台，以此为基础，组织重大科研项目的联合攻关，加强重要技术储备，实现科技资源共享。

制定相应的评价标准和监督奖惩办法，完善国家财政资金购置科研仪器设备的查重机制和联合评议机制，防止重复购置和闲置浪费。对财政资金资助的科技项目和科研基础设施，加快建立统一的管理数据库和统一的科技报告制度，并依法向社会开放。加强军民融合科技创新基础设施建设，利用承担国家重点型号产品研制中条件保障资金、技术改造资金、企业自筹资金，围绕提升军民品科研、总装总调、关键零部件检测等方面进行规模性的技术改造和建设，提高科研试验能力。

建立军民科技需求信息定向和公开发布渠道。借鉴国内外的成功经验，探索建立军民科技需求信息定向和公开发布渠道，牵引和推动国家科技管理部门和研究力量围绕军事需求开展转化工作。依托和利用现行国家科技组织管理渠道，将国防科技问题融入国家科技规划、计划之中，推动有关单位和团队围绕军方需求有针对性地开展科学研究。借鉴国外通过建立网络平台来创造和捕获创新机遇的成功做法，依托先进的信息化技术和网络基础设施，建立面向广大一线科学家和军方科研管理部门的研究成果征集反馈网络平台，架起研究人员和军方相关人员沟通的桥梁，一方面为创新者提供毛遂自荐的平台，另一方面为军方人员提供公布军事需求（以非保密的科学问题形式）的途径和捕获各种重大创新机遇的平台。

推进高水平军民融合科技创新平台体系建设。聚焦世界军事竞争前沿和战略性新兴产业发展，按照体系化布局，推动现有国家实验室体系和技术创新平台的军民互动与融合，在基础研究、应用研究、大型实验、试验与鉴定等环节，在航天、航空、海洋、信息、材料、制造、光电等军民两用重点科技领域，逐步建设具有世界一流水平的军民融合国家级实验室、工程研究中心和科技创新平台，为满足国家安全和发展的重大战略需求、提高国家支柱产业的国际竞争力提供有力支撑。着眼为促进军民科技成果转移提供条件支撑，建设产业技术创新战略联盟、科技企业孵化器、军民融合技术转移中心和知识产权交易中心构成的技术转移平台网络，大力发展各类科技中介服务机构，完善军民融合技术转移、产学研对接平台，健全利益共享、政策引导支持的技术转移机制，促进知识、技术创新成果的合理流动。

四、加强高水平军民融合科技创新人才的培养和合理使用。

高水平人才队伍建设是军民融合科技创新体系建设的基础性、关键性工程。习近平总书记指出，要拓展军民融合的领域和范围，积极推进国防经济和社会经济、军用技术和民用技术、部队人才和地方人才兼容发展。[①] 要坚持人才队伍建设优先，放开视野选人才、不拘一格用人才，把国防科技和装备领域打造成国家创新人才的高地、人才成长兴业的沃土，形成各类人才创造活力竞相迸发的生动局面。[②] 新形势下加快推进军民融合科技创新体系建设，必须重视军民融合科技创新拔尖人才的培养，积极调动民口科技创新人才为军服务的积极性，通过培养好、运用好一流的融合型人才队伍作为军民融合科技创新体系建设的重要抓手和突破口。

---

① 《习近平在视察沈阳战区部队时强调深入贯彻落实党在新形势下的强军目标不断提高履行使命任务能力》，载《人民日报》2013年8月31日。

② 《习近平在出席全军装备工作会议时强调加快构建适应履行使命要求的装备体系为实现强军梦提供强大物质技术支撑》，载《人民日报》2014年12月5日。

一个真实的创新中国

加大军民融合科技创新拔尖人才培养力度。牢固树立人才是第一资源思想，要以"钱学森之问"为激励，深刻认识科技创新拔尖人才培养对于建设创新型国家、推动国防现代化建设的紧迫性。以军民科研重大任务为牵引和施展才能的舞台，研究制定相关政策，营造良好环境氛围，以吸引、培养和稳定高水平科技人才，在战略性、前瞻性和挑战性军民高技术科技领域，造就国际知名的科学大家和科技帅才，造就一支综合能力强的高素质管理人才队伍，造就一大批在世界科技发展前沿的高素质攻关人才队伍尤其是理工科拔尖创新人才队伍，打牢国家科技长远持续发展的人才基础。把军队科研拔尖人才的培养使用作为推动军民融合的重要组成部分，将未来作战和装备建设所需的新型军事人才纳入国民教育体系，以完善体制机制为抓手，依托国家优质资源，培养造就大批高素质新型军队科研人才。

积极调动民口科技创新人才为军服务的积极性。当前，我军信息化建设快速发展，作战建设和装备发展各领域基础研究、技术开发和应用保障领域对高素质人才需求十分迫切。例如，在材料、器件、能源、制造、动力、计算、环境等基础科研领域，探测识别、导航定位、制导控制、信息系统、无人系统等装备研发领域，以及网络空间作战、国防应急通信、电磁频谱管理、军事物流与运输、装备综合保障等应用保障领域，高素质人才需求尤为突出。应充分发挥国家科技人才储备的巨大优势，提高各领域高素质科技创新人才为国防服务、为军队服务的积极性，对军工口高端人才进行国防发展需求和军事高科技培训，建立基础研究高端人才联合使用、流动管理的体系，以"不求所有、但求所用"为用人理念，切实整合军地、军民优秀人才和智力资源，努力实现高端人才战略资源的优化使用。

五、进一步深化军民融合创新体系法规制度环境建设

军民融合创新体系建设是一项庞大复杂的系统工程，领域多，要素全，涉及各方的利益，容易引起矛盾和冲突，因此，及时制定相应法律法规，充分发挥法律的稳定、权威作用，在制度层面上提供基本遵循，提供实施的基本依据，协调解决纷争，确保中国特色军民融合式发展的实现。

出台完善军民融合科技创新相关法律规范。目前，我国在《国防法》框架下正推进《军民融合促进法》的制定。在此基础上，还应在经济、科技、教育、社会保障、国防动员等领域制定推进军民融合的专门规章，对相关问题作出规定；对《物权法》《公司法》《合同法》《专利法》《突发事件应对法》等相关现行法律法规进行修订和补充，尤其是剔除现行法律规章制约甚至妨碍推进军民融合的个别规定。针对军民融合式发展立法的重点难点问题，充分利用国务院、中央军委联合制定军事行政法规的优势，对一些调整军地军民关系的法律规范，在没有出台国家法律之前，先行制定发布军事行政法规。

推动知识产权权属和利益分配改革。大力推动我国知识产权战略的实施，加强知识产权创造、应用和保护，要进一步激发广大科技工作者和全社会的创新活力。要以增强科技创新能力和产业竞争力为核心，培育自主知识产权，促进知识产权产业化，努力提高知识产权创造、运用、保护和管理能力。目前，我国国防科技领域国家财政投资形成

的国防知识产权权属和利益分配问题，仍在沿用全部归国家所有、由国家支配的办法执行，严重地影响了国防科研生产单位和科技人员创新的积极性，影响了军民融合技术产业的发展。在注重知识产权保护的同时，要客观、科学地评估技术成果价值，合理分配国家、集体和个人的权益，激励原始创新和重大关键技术突破，在工程应用和产业化时期保障技术研发的回报。

推动军民两用技术标准通用化。技术标准在支撑军民技术双向转移、促进军民产品一体化中发挥着重要作用。我国现有标准军与民存在分割，不利于军用技术与民用技术的相互辐射、嫁接和转化。应推动重要军民领域技术规范标准通用化，尽量做到军民通用，尽量采用民标，逐步把国标变为军品的主体标准。通过健全有效衔接、兼容互补的军民标准协调机制，加强交流互通、信息共享的军民标准平台建设，构建技术前瞻、引领发展的军民标准制定模式，从根本上推动军民用标准通用化。应随着科技的发展动态修订，建立定期对各种已失去先进性的军标进行修改的制度。积极采用先进适用民用标准，扩大商用标准的适用范围，使民用科研机构和企业在军品设计上放开手脚，大量引入成本低、升级快的民用技术和货架产品。

第七章
人才是支撑发展的第一资源

千秋基业,人才为先。习近平总书记在党的十九大报告中强调:"人才是实现民族振兴、赢得国际竞争主动的战略资源。要坚持党管人才原则,聚天下英才而用之,加快建设人才强国。实行更加积极、更加开放、更加有效的人才政策,以识才的慧眼、爱才的诚意、用才的胆识、容才的雅量、聚才的良方,把党内和党外、国内和国外各方面优秀人才集聚到党和人民的伟大奋斗中来,鼓励引导人才向边远贫困地区、边疆民族地区、革命老区和基层一线流动,努力形成人人渴望成才、人人努力成才、人人皆可成才、人人尽展其才的良好局面,让各类人才的创造活力竞相迸发、聪明才智充分涌流。"这就为科技创新工作提出了具体要求、明确了发力重点。唯有紧紧抓住"人才"这个科技创新的"牛鼻子",集聚天下英才、广纳众智众力、激发创新活力,才能凝聚起推动经济社会发展的新动力。

第一节 人是科技创新最关键的因素

"致天下之治者在人才。"人从来都是科技创新活动中最活跃、最

一个真实的创新中国

积极、最关键的因素,拥有创新意识和能力的科技人才已经成为现代经济发展中最有价值的核心资源。推动科技进步、技术创新,关键是人才。没有人才,科技创新就是一句空话。造就一支宏大的富有创新能力的高素质的人才队伍是科技创新体系建设中必须着重解决的一个问题。

一、人是生产力中最活跃的因素,是科技创新的主体

马克思主义认为,生产力的基本因素是生产资料和劳动力,历史上的生产资料,都是同一定的科学技术相结合的;同样,历史上的劳动力,也都是掌握了一定的科学技术知识的劳动力。因此科学技术是经济社会发展最活跃的生产力,人是生产力中最活跃的因素,而人才是最活跃的先进生产力。诺贝尔经济奖得主舒尔茨教授也说:"经济发展主要取决于人的质量,而不是自然资源的丰富贫瘠或者资本存量的多寡。"可见支撑一个国家创新的核心力量是创新人才,创新人才是一个建设创新型国家的最稀缺资源。

2014年8月18日,在中央财经领导小组第七次会议上的讲话中,习近平总书记指出:"创新驱动实质上是人才驱动。为了加快形成一支规模宏大、富有创新精神、敢于承担风险的创新型人才队伍,要重点在用好、吸引、培养上下功夫。要用好科学家、科技人员、企业家,激发他们的创新激情。要学会招商引资、招人聚才并举,择天下英才而用之,广泛吸引各类创新人才特别是最缺的人才。"[1]

---

[1] 《习近平主持召开中央财经领导小组第七次会议强调加快实施创新驱动发展战略加快推动经济发展方式转变》,载《人民日报》2014年8月19日。

第七章
人才是支撑发展的第一资源

之所以说创新驱动实质上是人才驱动，就是因为人才是创新驱动的核心要素和主导力量。在生产力发展的诸多要素中，劳动力是排在第一位的要素；在创新驱动的诸多要素中，人才特别是创新人才是最为核心的要素。首先，人才是创新意向的主导者。一切的科学发明与创造，最初都源于创新意向，也就是一个新的想法、新的观点、新的尝试、新的发现，都得来自于人的探索欲望和创新思维。离开人才的创造性思维，一切创新就不会发生，创新驱动就会成为无源之水、无本之木。实施创新驱动，根本的就在于激发起人才对未知世界的探索欲望和创新激情，从而充分发挥人才的想象力和创造智慧。其次，人才是创新资源的整合者。人类社会的创新活动是复杂多样的，不仅仅是对未知世界的探索，还有许多创新是来自于对创新资源的整合。一些优秀企业家在这方面就表现得尤其突出。著名经济学家约瑟夫·熊彼特认为，企业家是创新、生产要素重新组合以及经济发展的主要组织者与推动者。比如，美国戴尔电脑公司最初没有任何技术发明，他们没有自己的技术研发产品，他们的成功只是对现有生产要素进行重新整合，创造了直销这种新的商业模式。风靡全球的iPad、iPhone也是苹果公司创始人乔布斯在整合众多现有技术基础上的一种发明创造。其三，人才是创新活动的组织者。科技创新活动不仅是个复杂的社会过程，也称得上是个复杂的社会系统工程，涉及多种创新要素的整合。完成科技创新，不仅需要各类人才直接参与，而且更需要优秀人才对创新活动进行组织管理。管理人才作为整个创新活动的领导者，是赋予创新活动以生命力的最关键要素，他们的素质高低以及工作质量好坏，往往直接决定着创新活动的成败。其四，人才是创新成果的推广者。科技创新转化为现实生产力，一个重要环节就是创新成果的推广应用。在现代创新成果推广应用中,技术市场、生产力促进中心发挥了重要作用,科学家、企业家和风险投资家的主导作用也越来越突出。以袁隆平为核心的科研团队长达30多年持之以恒地推广运用我国杂交水稻,才在全球产生巨大的经济效益和社会效益。20世纪80年代的康柏、莲花软件、太阳微系统等电脑公司,以及90年代后期的亚马逊等电子商务公司和基金医药等生物科技公司的发展,包括近年来我国高科技创新企业迅速发展壮大,都受益于风险投资家的支持。随着现代高科技产业创新风险的不断提升,企业家和风险投资家在创新成果推广应用中的主导作用将会更加突出。

人才是创新活动中最为活跃、最为积极的因素。要把科技创新搞上去,就必须建设一支规模宏大、结构合理、素质优良的创新人才队伍。习近平总书记强调:"我们要树立强烈的人才意识,寻觅人才求贤若渴,发现人才如获至宝,举荐人才不拘一格,使用人才各尽其能。"①

二、科技的竞争归根结底是人才的竞争

就像习近平总书记在2015年两会期间参加上海代表团审议时所说:"人才是创新的根基,创新驱动实质上是人才驱动,谁拥有一流的创新人才,谁就拥有了科技创新的优势和主导权。"②如此突出科技

---

① 《习近平在全国组织工作会议上强调建设一支宏大高素质干部队伍确保党始终成为坚强领导核心》,载《人民日报》2013年6月30日。
② 《习近平在参加上海代表团审议时强调当好改革开放排头兵创新发展先行者为构建开放型经济新体制探索新路》,载《人民日报》2015年3月6日。

第七章 ★★★
人才是支撑发展的第一资源

人才的作用,无疑抓住了我国科技发展战略的关键与基础。在当代社会,人才资源成为经济社会发展的第一资源,人力资本成为最重要的资本,人才竞争成为综合国力竞争的核心。哪个国家拥有一流的创新人才,哪个国家就拥有了科技创新的优势和主导权。必须充分激发各类人才的创造性,形成知识创造价值、价值创造者得到合理回报的良性循环。

科技人才是一些在科学技术劳动中,以自己较高的创造力、科学的探索精神,为科学技术发展和人类进步做出贡献的人,他们是一个特殊的群体。这样一个特殊群体,在任何国家都是不可多得的稀缺资源,是难以计量其价值的宝贵财富。美国利用核裂变反应来研制原子弹的曼哈顿计划(Manhattan Project)于1942年6月开始实施,该工程集中了当时除了纳粹德国以外的西方国家的最优秀的核科学家,先后动员了10万多人参加这一工程。正是借助那些顶尖科技人才,美国人率先掌握了核武器,从而取得了第二次世界大战的战略主动。而在工程执行过程中,也正是由于负责人L.R.格罗夫斯和R.奥本海默应用了系统工程的思路和方法,才大大缩短了工程所耗时间,并成功促进了第二次世界大战后系统工程的发展。战后至今,美国一直高度重视科技人才的作用,并通过大力鼓励科技创新,得以在从军事到医学,从制造业到互联网等不同的领域中长期保持领先优势。以至有人说,"美国价值观"形成及其影响力,不完全来自于国会中那些政客的种种巧妙算计,更是来自于麻省理工或斯坦福等大学实验室中的深奥计算。

在中国,科技人才同样是国家的财富、人民的骄傲和民族的光荣。正是因为有了钱学森、邓稼先、袁隆平、王选等一代又一代科技人才的贡献，我们国家才得以在"两弹一星"、载人航天、探月工程、载人深潜、北斗导航、高温超导、纳米科技、人类基因组测序，以及超级杂交水稻、汉字激光照排、高性能计算机等基础科学和工程技术科学方面取得重大突破。科技人才的无私奉献和艰苦付出，为我国经济社会发展提供了坚强支撑，为国防安全作出了历史性贡献，也为我国成为一个有世界影响的大国奠定了重要基础。

但是也要看到，我国的科技人才无论是在队伍的壮大、作用的发挥，还是在突破和掌握重大科技成果的能力等方面，与美国等发达国家相比仍然存在较大差距。科技人才队伍的"硬指标"和"软指标"与创新科技的发展战略要求相比，与实现"中国梦"的战略需求相比，极其不相称。比如，尽管近十年来我国的发明专利申请数量年年增加，总数量已达世界第一。但是，据国外权威机构评价，在"创新专利""专利影响力"等关键指标方面，美国位居榜首，日本排名第二，中国企业排名靠后。虽然中国的专利数量已经领先了，但专利质量和影响力仍然不足，这是中国科技水平的尴尬。这也导致对于许多核心技术、关键技术，我们仍无法掌握，仍不得不继续艰苦地摸索。

关于科技人才队伍的培养建设面临的种种制约因素，可以多方面找到原因，既有缺少对知识和人才的应有尊重，缺少足够资金的投入，缺少对知识产权的有力保护等老问题；也有科学技术领域学术风气不正，甚至学术腐败、科研腐败等一些新问题。而无论是哪个方面的，都已经到了必须予以解决的时候了。只有想方设法发现人才，培养人才，努力创造环境和条件吸引人才，留住人才，用好人才，才能够通过人才之源流浇灌科研之园地，并收获丰硕成果，抢占竞争高地。

三、实现中华民族伟大复兴的中国梦需要的人才越多越好、本事越大越好

中华人民共和国成立以来，党和国家高度重视科技人才队伍建设。经过多年持续投入和不懈努力，目前中国已经拥有世界上最大规模的科技人才队伍，这是一个了不起的成就。但同时也要看到，虽然我国科技人才总量不少，但科技队伍大而不强的状况还没有得到根本改变，在重大科研项目、重大工程、重点学科上，我们所需要的世界级科技大师、领军人才、尖子人才还严重缺乏，一些高端科技领域发展的后劲不足；在工程技术人才培养上同生产和创新实践脱节的局面未根本改观，科技服务经济社会发展的意识不强、结合不紧，活跃在一线的创新人才较少；现有的人才结构尚不合理，青年科技人才有待成长，存在"青黄不接"的隐忧……解决好这些问题，需要我们站在经济社会发展全局的高度，以前瞻未来的眼光，用深化改革的手段，进一步理顺人才培养、引进、使用等体制机制，既夯实人才队伍"量"的基础，又着眼"质"的提升。建设世界科技强国，关键在人。已故杰出科学家黄大年，仿佛没有时间停下喘口气，将一个个高端科技项目推向世界前沿，直至生命定格在58岁。有人说他是个"疯子"，他却毫不在意："中国要由大国变成强国，需要有一批'科研疯子'，这其中能有我，余愿足矣！"

在欧美同学会成立100周年庆祝大会上的讲话中，习近平总书记从实现"两个一百年"奋斗目标和中华民族伟大复兴中国梦的战略高度指出："人才是衡量一个国家综合国力的重要指标。没有一支宏大的

一个真实的创新中国

高素质人才队伍,全面建成小康社会的奋斗目标和中华民族伟大复兴的中国梦就难以顺利实现。当今世界,综合国力竞争日趋激烈,新一轮科技革命和产业变革正在孕育兴起,变革突破的能量正在不断积累。综合国力竞争说到底是人才竞争。人才资源作为经济社会发展第一资源的特征和作用更加明显,人才竞争已经成为综合国力竞争的核心。谁能培养和吸引更多优秀人才,谁就能在竞争中占据优势。"① 当代中国,经过近40年的改革开放,我国的社会生产力迈上一个大台阶,人民生活水平迈上一个大台阶,综合国力迈上一个大台阶,推动我国经济实力、科技实力、国防实力、综合国力进入世界前列,推动我国国际地位实现前所未有的提升。值此重要关头,我们比历史上任何时期都更接近实现中华民族伟大复兴的宏伟目标,我们也比历史上任何时期都更加渴求人才。

2014年6月9日,习近平总书记在中国科学院第十七次院士大会、中国工程院第十二次院士大会上的讲话,还引用了《诗经·大雅·文王》中的一句话:"思皇多士,生此王国。王国克生,维周之桢;济济多士,文王以宁。"这段话的原意讲述的是周文王能够尊贤礼士,吸引了多方人才前来辅佐,一时间国家贤才济济,国势强盛。习近平总书记借此强调:"实现中华民族伟大复兴,人才越多越好,本事越大越好。我国是一个人力资源大国,也是一个智力资源大国,我国13亿多人大脑中蕴藏的智慧资源是最可宝贵的。知识就是力量,人才就是未来。我国要在科技创新方面走在世界前列,必须在创新实践中发现人才、

---

① 习近平:《在欧美同学会成立100周年庆祝大会上的讲话》(2013年10月21日),载《人民日报》2013年10月22日。

在创新活动中培育人才、在创新事业中凝聚人才,必须大力培养造就规模宏大、结构合理、素质优良的创新型科技人才。"①我们要培养更多的高端人才,使我们在国际上的标签再多一个"智力大国"。

第二节 创新的事业呼唤创新的人才

"功以才成,业由才广。"习近平总书记指出:"人是科技创新最关键的因素。创新的事业呼唤创新的人才。"②可见,实施创新驱动发展战略,建设创新型国家,实现中华民族伟大复兴的中国梦,必须坚持人才是第一资源的理念,引进、培养和造就大批具有创新精神和创新能力的创新型人才。

一、充分认识加快建设人才强国的重大意义

实施人才强国战略,实现由人口大国向人才强国转变,是形势发展的必然要求,是以习近平同志为核心的党中央站在党和国家事业发展全局的高度作出的重大战略部署。

加快建设人才强国是党和国家着眼加快我国社会主义现代化建设制定的一项重大战略决策。长期以来,党中央高度重视人才工作。在

---

① 习近平:《在中国科学院第十七次院士大会、中国工程院第十二次院士大会上的讲话》(2014年6月9日),载《人民日报》2014年6月10日。
② 习近平:《在中国科学院第十七次院士大会、中国工程院第十二次院士大会上的讲话》(2014年6月9日),载《人民日报》2014年6月10日。

一个真实的创新中国

2003年全国人才工作会议上，明确提出人才问题是关系党和国家事业发展的关键问题，全党同志必须从全局和战略的高度，以高度的政治责任感和历史使命感，把实施人才强国战略作为党和国家一项重大而紧迫的任务抓紧抓好。2007年党的十七大报告中，将人才强国战略与科教兴国战略、可持续发展战略确立为我国经济社会发展的三大国家战略，并写进了党章，这进一步提升了人才强国战略在党和国家战略布局中的地位。2008年开始，中央人才工作协调小组组织编制国家中长期人才发展规划纲要，提出进入世界人才强国行列战略目标，描绘了我国未来人才发展宏伟蓝图。中国特色社会主义进入新时代，党中央把加快建设人才强国摆到更加突出的位置。习近平总书记多次作出重要指示，围绕人才工作提出一系列新思想、新观点、新论断，为加快建设人才强国进一步指明了方向、提供了遵循。实施人才强国战略，极大地调动了各类人才的积极性和创造性，激发了我国经济社会各项事业发展的活力。我国经济社会快速发展的实践充分证明，实施人才强国战略是实现国家富强、民族复兴的重大举措，是统筹推进"五位一体"总布局和协调推进"四个全面"战略布局的重要保证。

加快建设人才强国是实施创新驱动发展战略的迫切需要。实施创新驱动发展战略，是加快转变经济发展方式、提高我国综合国力和国际竞争力的必然要求和战略举措。正如习近平总书记所强调的，人才是创新实践的主体和主导者，创新驱动实质是人才驱动。实施创新驱动发展战略，必须把人才开发作为战略基点，加速推动"人口红利"转变为"人才红利"，以"人才红利"促进管理创新、技术创新和劳动生产率提高，增强创新发展的内生动力。学界一般将"人口红利期"

第七章
人才是支撑发展的第一资源

定义为15至64岁人口占总人口比重在60%以上的人口发展时期。按照这一衡量标准，对中国而言，从1980至2050年的70年是我国的"人口红利期"。过去，中国依靠全球首屈一指的廉价劳动力大军，创造了令人瞩目的经济奇迹，劳动力供给充足、储蓄率高是我国经济社会高速发展的最主要动力。毋庸置疑，中国已经享受到"人口红利"带来的巨大成果。从"人口红利"到"人才红利"，是中国经济转型使然。中国处于从高消耗、低成本发展模式向低消耗、高成本、高附加值的产业模式转型过程中，这一转型对人力资源的要求更高。过去中国制造业的飞速发展得益于"人口红利"，下一步发展高附加值产业更得依靠"人才红利"。

加快建设人才强国是增强国际人才竞争优势的战略选择。为了抢占未来发展的战略制高点，世界各国都制定实施有自己的人才战略，策划出台了一些新的政策法规和举措，加大对他国创新创业人才的吸引留置力度。比如，美国参议院通过《移民改革法案》，提出取消科技、工程等领域人才移民配额，对于获得博士学位的外国人，他们取得绿卡可以不受数额限制，等等。欧盟实施支持青年专业人才的跨境培养行动计划，即《伊拉兹马斯关键基石》（Erasmus for All）行动计划，决定在2014—2020年期间投入190亿欧元支持青年专业人才的跨境知识学习和技能培训，预计欧盟27个成员国的大学、科研机构、企业的500万名有志青年将直接从中受益，确保优秀人才在欧盟国家内良性循环。此外，加拿大、韩国等国家也专门制定了吸引外国专业技术人才、海外企业家的移民项目。在激烈的国际竞争中，高端人才和科技创新已成为大国角逐的决定性力量，谁能培养和吸引更多优秀人才，谁就能在未来一个时期的综合国力竞争中占据优势。面对这样严峻的国际人才竞争形势，我们必须清醒认识，积极应对，以深入实施人才强国战略为统领，采取更加有力的人才举措，制定更具优势的人才政策，在国际人才竞争中赢得主动。

加快建设人才强国是集聚各方人才、巩固党的执政基础的重要举措。办好中国的事情，关键在党，关键在人，关键在人才。当前，世情、国情、党情发生深刻变化，世界正发生前所未有之大变局，我国已进入全面建成小康社会决胜期，中华民族正处于走向伟大复兴的关键时期，我们党面临的长期执政、改革开放、市场经济和外部环境考验更加复杂严峻。推进国家治理体系和治理能力现代化，迫切需要我们党提高领导水平和执政水平，抓紧培养造就一大批高素质的善于治党治国治军的优秀领导人才和其他各方面人才。同时，面对人才队伍规模日渐壮大、构成更趋复杂、思想状况更加多元的客观现实，需要坚持团结引导，加强政治引领和政治吸纳，密切党同人才的联系，使更多优秀人才参与实际工作，激励他们自觉为实现中华民族伟大复兴的中国梦贡献聪明才智，汇聚社会主义现代化建设的磅礴力量。

二、清醒认识我国创新人才队伍的发展现状

随着中华人民共和国的成立，特别是改革开放后我国科教兴国战略、人才强国战略和创新驱动发展战略的相继实施，一支规模宏大、结构合理、素质优良的人才队伍在中华大地上逐渐成长、壮大，为我国现代化建设事业作出了巨大贡献。一大批科技文化精英，在实现中

第七章
人才是支撑发展的第一资源

华民族伟大复兴中国梦的壮丽征程中发挥了重要作用。环顾当今世界，中国经济总量已跃居世界第二位，综合国力迅速提升，国际地位空前提高，中华民族扬眉吐气，再次巍然屹立于世界民族之林。正如习近平总书记所说："今天，我们比历史上任何时期都更接近、更有信心和能力实现中华民族伟大复兴的目标。"但是，也应该看到，尽管我们人才队伍数量巨大、阵容可观，创新型科技人才的结构性矛盾却很突出，我们还只是一个人才大国，而没有成为真正的人才强国，创新型国家的建设与目标还未实现。因此，向人才强国转变是时代赋予的重要使命。

从全球范围看，日趋激烈的国际人才竞争对加快建设人才强国提出新挑战。随着经济全球化的深入发展和世界范围内创新要素的加速流动，新的科技革命和产业变革呈现加速态势，深刻影响和改变着世界经济格局。为在新一轮全球产业结构调整中抢占制高点，赢得未来发展先机，许多国家都把大力引进开发高端人才、增强核心领域创新能力提升到国家发展战略的核心层面，各国对人才的争夺日趋白热化，这对我国参与国际人才竞争、引进和留住人才形成巨大挑战。《人类简史》和《未来简史》的作者尤瓦尔·赫拉利指出，20年至30年以内，超过50%的工作机会将被人工智能取代。伴随而来的，是全球人工智能领域人才需求的激增。当前，我国人工智能人才储备的数量、质量都跟不上行业的高速发展。而更让人始料未及的是，中国人工智能人才稀缺困境未及破解，又遭遇了欧美大型公司上门"抢夺人才"。脸书公司把吸引中国人才当作目前在中国的首要任务，微软2016年在苏州工业园区成立了开发人工智能技术的研发中心，计划将员工扩至1500

人左右。面对这场在全世界范围内发生的争夺人才战争,我们不能置身其外。而且,已经深度对外开放的中国,不可能靠构筑国际人才流动壁垒、限制人才外流来阻止人才流失。我们必须积极参与国际竞争,把吸引和保留高素质人才,作为头等大事,必须深入实施人才强国战略,加快向人才强国转变,统筹开发利用国际国内人才资源,打造更具国际竞争力的人才制度优势。

从国内发展看,经济发展新常态对加快建设人才强国提出新的更高要求。随着我国人口和劳动力结构的逐步变化,传统的人口红利和要素驱动力日益减弱,甚至成为发展的阻碍,传统产业供给能力大幅超出需求,造成供需错配,我国经济结构亟须调整优化,向中高端迈进。经济发展要实现提质增效,只能依靠人力资本质量和技术进步,必须让创新成为驱动发展的新引擎。人才是创新的根基,是创新的核心要素,我们必须坚持人才优先发展的理念,大胆创新人才体制机制,主动调整人才培养结构,全面提升人力资源素质,加快建设高层次创新创业人才队伍和高素质技能人才队伍,最大限度释放创新活力,积极推动人才强国建设。

从人才工作自身看,加快实现向人才强国转变是我们面临的重要课题。人才是实施创新驱动战略的主力军,特别是科学家、科技人才、企业家和技能人才等创新型人才更是具有十分重要的作用。这些年我国的人才队伍规模日益壮大,各项人才工作取得积极进展。《中国科技人力资源发展研究报告(2014)——科技人力资源与政策变迁》指出,截至2014年底,我国科技人力资源总量约为8114万人,仍然保持世界科技人力资源第一大国的地位。从年龄结构来看,29岁以下的科技工作者是我国现有科技人力资源的主体；从学科结构来看，2012—2014年理工农医类科技人力资源，在本科层次和研究生层次新增人员占新增总量的比例分别为93%和59%，其中工科人员数量最多；从学历结构看，截至2014年我国博士、硕士、本科、专科科技人力资源所占比例分别为0.8%、4.7%、37%和57.5%。这在一定程度上表明我国科技人力资源的质量正在逐步优化。但也必须清醒地看到，我国人才发展总体水平与世界先进水平相比仍有较大差距。习近平总书记指出："我国科技队伍规模是世界上最大的，这是我们必须引以为豪的。但是，我们在科技队伍上也面对着严峻挑战，就是创新型科技人才结构性不足矛盾突出，世界级科技大师缺乏，领军人才、尖子人才不足，工程技术人才培养同生产和创新实践脱节。"[①] 同时，制约人才发展和发挥作用的体制机制障碍尚未消除，人才公共服务体系还不健全。这些都是制约我国向人才强国转变的难点。这就需要在加强政策扶持的同时加快完善市场机制，形成社会协同创新机制，鼓励研究机构、高等院校、大企业与中小微企业以及个人密切合作，充分利用"互联网+"，在全社会形成浓厚创新氛围、强大创新合力。

三、着力推进人口大国向人才强国转变

习近平总书记提出，我国要在科技创新方面走在世界前列，必须"把人才资源开发放在科技创新最优先的位置，改革人才培养、引进、使

---

① 习近平：《在中国科学院第十七次院士大会、中国工程院第十二次院士大会上的讲话》（2014年6月9日），载《人民日报》2014年6月10日。

一个真实的创新中国

用等机制,努力造就一批世界水平的科学家、科技领军人才、工程师和高水平创新团队,注重培养一线创新人才和青年科技人才"①。推动我国由人口大国向人才强国转变,必须坚持党管人才原则,尊重劳动、知识、人才、创造,加快确立人才优先发展战略布局,扎实推进人才工作迈上新台阶。

以高层次、高技能人才为重点建设一支高素质人才队伍。这是整个人才队伍建设的战略重点。要紧紧围绕建设创新型国家和创新驱动发展战略,主动跟进和对接经济新常态下的结构调整,大规模开发培养高层次、高技能人才,进而带动整体人才队伍不断发展壮大。要以适应经济社会发展的实际需求为导向,围绕产业链、科技链打造人才培养链,着力增强企业自主创新能力,完善产学研协同创新体系,努力打造一批能够突破关键技术、引领学科发展、带动产业转型的领军人才。特别是加大高技能人才培养力度,健全和完善以企业行业为主体、职业院校为基础、学校教育与企业培养紧密联系、政府推动与社会支持相互结合的高技能人才培养体系,加快培育支撑中国制造、中国创造的高技能人才队伍。为培养科技创新人才,美国虽然人力资源总量只占世界的5.1%,但教育投资占国民生产总值7.4%,研究和开发总投资占国民生产总值3%,使得美国的科技创新能力始终居于世界前列。相形之下,我们则逊色许多,教育工作尚需进一步深化改革,创新体制机制,加大教育投入,改变人才培养教育的弱项和短板,走出具有中国特色的创新型人才培养之路,有效提高人才队伍整体素质。尤其是

---

① 习近平:《在中国科学院第十七次院士大会、中国工程院第十二次院士大会上的讲话》(2014年6月9日),载《人民日报》2014年6月10日。

第七章
人才是支撑发展的第一资源

在大学教育中,要从根本上改变当前国内大学中存在的"重视知识传授、缺乏师生互动、忽视创造力培养和职业技能培养"的僵化教学模式,通过充满生机活力的跨学科教育和职业技能教育,培养出大批复合型人才、创新型人才和职业技术人才。

扎实推进人才发展体制机制和政策创新。党的十八届五中全会特别强调了人才对国家发展的重要作用,指出"加快建设人才强国,深入实施人才优先发展战略,推进人才发展体制改革和政策创新,形成具有国际竞争力的人才制度优势",再次吹响"人才强国"的集结号。在全面深化改革的进程中推进人才体制改革,就要坚持以用好用活人才为核心,牢牢抓住重点领域和关键环节推进改革创新,与各领域改革统筹考虑,破除人才成长和发挥作用的体制机制障碍;就要改革人才评价机制,破除论资排辈、头衔崇拜,尊重不同岗位、不同层级专业技术人员的特点和成长规律,加快分类推进职称制度改革步伐,将科技成果转化运用实施纳入考评范围;就要继续改革完善职业资格管理,推进国家职业资格认证制度改革,深化事业单位人事制度改革,进一步推行技师、高级技师聘任制度,探索建立企业首席技师制度;就要完善人才流动机制,打破地域、所有制、身份等制度性障碍,促进人才合理流动;就要完善激励保障机制,推动工资收入分配制度改革,推动知识、技术、管理、技能等生产要素按贡献参与分配,完善人才评选表彰制度,积极构建和谐劳动关系;就要完善各类人才创新创业扶持政策,改善基层人才工作、生活条件,拓展职业发展空间。

不断提高政府人才工作综合管理水平。坚持党管人才原则,加强与党委组织部门的配合,围绕国家创新驱动发展战略和经济结构优化升级，充分发挥人力资源社会保障部门作为政府人才工作综合管理部门的职能作用。党委组织部门肩负人才工作牵头抓总的职责，要在当好参谋、创新实践、整合资源、示范引领用功着力，坚持牵头不包办，抓总不包揽，统筹不代替，积极支持和配合其他部门在职责范围内开展工作。人力资源社会保障部门是政府人才管理的重要职能部门，重点要在制定人才政策法规、构建人才服务体系、培育和发展人才资源市场等方面积极发挥作用。除此之外，其他教育、科技、文化等党政部门作为人才工作职能部门，要明确职责，各司其职，并积极主动地抓好各自领域、系统的人才工作。同时，还要充分调动社会力量广泛参与人才工作的积极性。各级工会、共青团、妇联、科协、文联、作协等人民团体和各民主党派、工商联、无党派人士等各方面力量，在联系人才、团结人才、服务人才等方面各自具有独特优势，要通过多种途径、多种方式发挥他们的桥梁纽带作用，并鼓励和支持各类人才培训机构、中介机构以及从事国际人才交流的民间机构创新服务方式和内容，为人才提供个性化和多样化服务。

第三节　培育符合创新发展要求的人才队伍

深入实施人才优先发展战略，推进人才发展体制改革和政策创新，形成具有国际竞争力的人才制度优势，聚天下英才而用之，加快建设人才强国，这是我们党立足当前、放眼世界、面向未来作出的重大战略部署，具有重大而深远的意义。习近平总书记指出："我们要把人

第七章 ★★★
人才是支撑发展的第一资源

才资源开发放在科技创新最优先的位置,改革人才培养、引进、使用等机制,努力造就一批世界水平的科学家、科技领军人才、工程师和高水平创新团队,注重培养一线创新人才和青年科技人才。""要按照人才成长规律改进人才培养机制,'顺木之天,以致其性',避免急功近利、拔苗助长。要坚持竞争激励和崇尚合作相结合,促进人才资源合理有序流动。要广泛吸引海外优秀专家学者为我国科技创新事业服务。要在全社会积极营造鼓励大胆创新、勇于创新、包容创新的良好氛围,既要重视成功,更要宽容失败,完善好人才评价指挥棒作用,为人才发挥作用、施展才华提供更加广阔的天地。"①党的十九大报告再次强调,要"培养造就一大批具有国际水平的战略科技人才、科技领军人才、青年科技人才和高水平创新团队"。

人才就是未来。坚持创新发展,就要把各方面人才更好使用起来。习近平总书记强调:"我国要在科技创新方面走在世界前列,必须在创新实践中发现人才、在创新活动中培育人才、在创新事业中凝聚人才,必须大力培养造就规模宏大、结构合理、素质优良的创新型科技人才。"②要站在国家全局和民族长远发展的战略高度,树立强烈的人才意识,从人才选拔、人才培养、人才使用和引进、人才政策、人才工作机制等环节进行系统安排,牢牢把握集聚人才大举措,努力使我国由人口大国转化为人才资源强国,更好地用人才这个"第一资源"来推动创新发展,不断增强我国的综合国力和国际竞争力。

---

① 习近平:《在中国科学院第十七次院士大会、中国工程院第十二次院士大会上的讲话》,2014年6月9日),载《人民日报》2014年6月10日。

② 习近平:《在中国科学院第十七次院士大会、中国工程院第十二次院士大会上的讲话》,2014年6月9日),载《人民日报》2014年6月10日。

一、在创新实践中发现人才

中华民族好学上进，具有爱学习、善学习，敬知识、崇创新的悠久传统，在灿烂不熄的文明长河中创新人才不断涌现，持续书写着东方大国的创新史。在全面建成小康社会的实践中、在实现中华民族伟大复兴的进程中，一定会涌现出更多更好的创新人才，对于党和国家来说，就是要及时发现这些人才并用好这些人才，使他们在创新驱动发展战略中发挥更大的作用。"得人则安，失人则危。"只有得到创新人才，才能顺利开展创新事业。因此，在全面建成小康社会的各项事业中，必须优先考虑创新人才的开发。2016年3月21日中共中央印发的《关于深化人才发展体制机制改革的意见》指出："坚持人才引领创新发展，将人才发展列为经济社会发展综合评价指标。综合运用区域、产业政策和财政、税收杠杆，加大人才资源开发力度。"[1]

要建立良好的选人用人机制，将真正的创新人才选出来、用起来，形成广纳贤才、人尽其才的制度体系。《关于深化人才发展体制机制改革的意见》指出："优化财政支出结构，完善人才发展投入机制，加大人才开发投入力度。调整和规范人才工程项目财政性支出，提高资金使用效益。发挥人才发展专项资金、中小企业发展基金、产业投资基金等政府投入的引导和撬动作用，建立政府、企业、社会多元投入机制。"[2]

---

[1] 《中共中央印发〈意见〉深化人才发展体制机制改革》，载《人民日报》2016年3月22日。
[2] 《中共中央印发〈意见〉深化人才发展体制机制改革》，载《人民日报》2016年3月22日。

第七章
人才是支撑发展的第一资源

要站在世界之巅开发创新人才，完善创新人才的引进机制。据统计，全球有2亿多人到其他国家寻求发展，主要从不发达国家流向发达国家，从东方流向西方。虽然我国引进的海外人才在逐年增长，但也要清醒地看到，我国流失的顶尖人才数量同样居世界首位，已经成为世界上最大的人才流出国。不管是中国公民还是外国公民，只要是我们需要的创新人才，都要尽可能想办法为我所用。新加坡前资政李光耀曾说："中国是从13亿人中挑选人才，而美国是从70亿人中挑选人才。"美国的这一做法值得我们借鉴。习近平总书记指出："不拒众流，方为江海。当今世界，经济全球化、信息社会化所带来的商品流、信息流、技术流、人才流、文化流，如长江之水，挡也挡不住。一个国家对外开放，必须首先推进人的对外开放，特别是人才的对外开放。"①他还强调："要择天下英才而用之，实施更加积极的创新人才引进政策，集聚一批站在行业科技前沿、具有国际视野和能力的领军人才。"②要坚持高端引领、需求导向、以用为本，重点引进能够带动突破关键技术、发展高新技术产业、带动新兴学科的战略型人才和创新创业的领军人才，大力引进一批重点领域急需紧缺的高层次人才和专门人才。要完善引进国外人才和智力的政策体系和服务体系，制定并定期调整外国人在中国境内工作指导目录。树立人才引进柔性观念，不断拓宽吸引国外人才和智力的渠道。《关于深化人才发展体制机制改革的意见》指出："实行更积极、更开放、更有效的人才引进政策，更大力度实施海外

---

① 《习近平在同外国专家座谈时强调中国要永远做一个学习大国》，载《人民日报》2014年5月24日。
② 《习近平在参加上海代表团审议时强调当好改革开放排头兵创新发展先行者为构建开放型经济新体制探索新路》，载《人民日报》2015年3月6日。

高层次人才引进计划（国家'千人计划'），敞开大门，不拘一格，柔性汇聚全球人才资源。对国家急需紧缺的特殊人才，开辟专门渠道，实行特殊政策，实现精准引进。支持地方、部门和用人单位设立引才项目，加强动态管理。"[1]这彰显了我们面向全球引才聚才的博大胸怀，进一步增强人才政策开放度，敞开大门招四方之才。习近平总书记强调："外国专家主管部门要继续完善外国人才引进体制机制，切实保护知识产权，保障外国人才合法权益，对作出突出贡献的外国人才给予表彰奖励，让有志于来华发展的外国人才来得了、待得住、用得好、流得动。要遵循国际人才流动规律，更好发挥企业、高校、科研机构等用人单位的主体作用，使外国人才的专长和中国发展的需要紧密契合，为外国专家施展才能、实现事业梦想提供更加广阔的舞台。"[2]在此基础上，引导海外引进人才和国内人才加强合作、相互欣赏、相互促进，形成协同创新、携手并进的良好局面，共同为我国经济社会发展贡献力量。

二、在创新活动中培育人才

我们要在创新实践中发现人才，更要在创新活动中培育人才。而且要把培育创新人才作为人才培养的首要任务，只有这样才能保证创新人才不断涌现，创新事业兴旺发达。

---

[1] 《中共中央印发〈意见〉深化人才发展体制机制改革》，载《人民日报》2016年3月22日。
[2] 《习近平在同外国专家座谈时强调中国要永远做一个学习大国》，载《人民日报》2014年5月24日。

第七章
人才是支撑发展的第一资源

其一，各级党政领导必须高度重视创新人才的培育，树立创新人才是创新事业第一资源新理念，把创新人才培养作为一项重要的工作抓紧抓好。实践证明，只有党政领导、特别是主要领导高度重视创新人才的培养工作，才能又好又快地培养创新人才。要突出高端人才这个重点，着重培养造就一批经济社会发展各个领域的高层次人才，充分发挥他们的骨干和核心作用，推动基础研究和原始创新。同时，我国现代化建设是全面发展的事业，需要不同层次、不同领域的各类人才。我们既要着力培养数以千万计的专门人才和一大批拔尖创新人才，又要着力培养数以亿计的高素质劳动者，让不同行业、不同专业、不同岗位的人都能够得到重视、得到培养、得到使用，汇聚成实现中华民族伟大复兴中国梦的浩浩荡荡人才大军。

其二，要创新人才培育模式，让各行各业都能不断培育出创新人才。《关于深化人才发展体制机制改革的意见》指出："突出经济社会发展需求导向，建立高校学科专业、类型、层次和区域布局动态调整机制。统筹产业发展和人才培养开发规划，加强产业人才需求预测，加快培育重点行业、重要领域、战略性新兴产业人才。注重人才创新意识和创新能力培养，探索建立以创新创业为导向的人才培养机制，完善产学研用结合的协同育人模式。"[①]

其三，要建立创新人才合理流动机制。"人才者，求之则愈出，置之则愈匮。"人才流动是人才实现有效配置、发挥其作用的有效途径，人才总是要向能够发挥其才能、体现其价值的地方流动。要想用好和

[①]《中共中央印发〈意见〉深化人才发展体制机制改革》，载《人民日报》2016年3月22日。

吸引更多创新型人才，首先要解决人才流动过程中的障碍。对于创新人才要人尽其用，一定要放在最适合的位置上，充分发挥他们的作用。"十三五"规划纲要提出促进人才优化配置，指出："建立健全人才流动机制，提高社会横向和纵向流动性，促进人才在不同性质单位和不同地域间有序自由流动。完善工资、医疗待遇、职称评定、养老保障等激励政策，激励人才向基层一线、中西部、艰苦边远地区流动。开展东部沿海地区与中西部地区、东北等老工业基地人才交流和对口支援，继续实施东部城市对口支持西部地区人才培训工程。"

其四，要创新人才培育的体制机制，在体制机制上保证创新人才培育体系化、科学化。对于原有不适合、不科学的创新人才培育体制，要大胆改革，优化创新人才培养、引进、保留、使用的政策制度，完善创新人才评价标准和评价方式。对新兴产业以及重点领域、企业急需紧缺人才，要加大支持力度。支持新型研发机构建设，鼓励人才自主选择科研方向、组建科研团队，开展原创性基础研究和面向需求的应用研发。《关于深化人才发展体制机制改革的意见》指出："更大力度实施国家高层次人才特殊支持计划（国家'万人计划'），完善支持政策，创新支持方式。构建科学、技术、工程专家协同创新机制。建立统一的人才工程项目信息管理平台，推动人才工程项目与各类科研、基地计划相衔接。按照精简、合并、取消、下放要求，深入推进项目评审、人才评价、机构评估改革。"[①] 创新人才培育不是一朝一夕就能完成的，需要科学的方式，稳定的政策，长效的机制。

---

① 《中共中央印发〈意见〉深化人才发展体制机制改革》，载《人民日报》2016年3月22日。

三、在创新事业中凝聚人才

发现创新人才、培育创新人才，目的是为了留住人才、使用人才，要用实现中华民族伟大复兴的光辉事业凝聚创新人才，要让创新人才能够在新时代中国特色社会主义的创新事业中充分施展才华，实现其理想抱负，让每一位创新人才都有人生出彩的机会。习近平总书记指出，要以更加开放的视野引进和集聚人才，加快集聚一批站在行业科技前沿、具有国际视野的领军人才。[①]

要用优良的环境凝聚创新人才。人才与环境的关系就像树木与土壤的关系，人才成长与社会环境息息相关，离不开社会环境的滋养和哺育。要让全社会都尊重创新人才，让创新人才成为社会上的"明星"，让每一位创新人才都拥有大量创新"粉丝"。2016年4月26日，习近平总书记在安徽合肥主持召开知识分子、劳动模范、青年代表座谈会并发表重要讲话时强调，各级党委和政府要切实尊重知识、尊重人才，充分信任知识分子，加快形成有利于知识分子干事创业的体制机制，放手让广大知识分子把才华和能量充分释放出来。要为创新人才创造良好的工作、学习与生活环境。尽量创造出让创新人才发挥最大效率的工作条件，提高他们的创新生产率，让他们工作安心、生活舒心。要改善创新人才的住房、医疗、交通、通信等生活条件，尽可能帮助他们解决户口、家属安排、子女入学就业等生活中的实际问题，让创

[①] 《习近平在参加上海代表团审议时强调保持锐意创新勇气蓬勃向上朝气加强深化改革开放措施系统集成》，载《人民日报》2016年3月6日。

一个真实的创新中国

新人才生活上没有后顾之忧。"十三五"规划纲要指出:"完善工资、医疗待遇、职称评定、养老保障等激励政策,完善人才评价激励机制和服务保障体系,营造有利于人人皆可成才和青年人才脱颖而出的社会环境。发挥政府投入引导作用,鼓励人才资源开发和人才引进。完善业绩和贡献导向的人才评价标准。保障人才以知识、技能、管理等创新要素参与利益分配,以市场价值回报人才价值,强化对人才的物质和精神激励,鼓励人才弘扬奉献精神。营造崇尚专业的社会氛围,大力弘扬新时期工匠精神。"要加大科技宣传的力度,推出更多优秀科技人员的典型,加强对重要政策措施的解读,营造包容宽容、有利于创新的良好舆论氛围。习近平总书记指出:"环境好,则人才聚、事业兴;环境不好,则人才散、事业衰。"[①]要以识才的慧眼、爱才的诚意、用才的胆识、容才的雅量、聚才的良方,广开进贤之路,聚天下英才而善用之,努力形成人人渴望成才、人人努力成才、人人皆可成才、人人尽展其才的良好局面。

要去除科研管理中的"繁文缛节",为科研人员松绑助力。缺乏科研自主权,被科研项目和经费管理中的条条框框管得过死,是科研人员非常关切的问题。2016年7月,中办、国办印发的《关于进一步完善中央财政科研项目资金管理等政策的若干意见》,提出很多含金量高的政策措施。比如,简化科研项目经费管理、下放预算调剂权限、提高间接费用比重、劳务费不设比例限制、改进结转结余资金留用处理方式、改进差旅会议管理等。2016年5月中办、国办还印发了《关于

---

① 习近平:《在欧美同学会成立100周年庆祝大会上的讲话》(2013年10月21日),载《人民日报》2013年10月22日。

第七章
人才是支撑发展的第一资源

加强和改进教学科研人员因公临时出国管理工作的指导意见》，提出对教学科研人员出国开展学术交流合作要区别管理，单位与个人的出国批次数、团组人数、在外停留天数根据实际需要安排，不列入国家工作人员因公临时出国批次限量管理范围，积极回应了科研人员的关切，受到科研人员的欢迎，一定要把这些政策贯彻落实好。

要加强创新人才的创新成果保护工作，让创新人才的合法利益不会轻易受损。《关于深化人才发展体制机制改革的意见》指出："加强创新成果知识产权保护。完善知识产权保护制度，加快出台职务发明条例。研究制定商业模式、文化创意等创新成果保护办法。建立创新人才维权援助机制。建立人才引进使用中的知识产权鉴定机制，防控知识产权风险。完善知识产权质押融资等金融服务机制，为人才创新创业提供支持。"[①]还要为创新成果转化创造便利条件，加大对创新人才的支持力度和激励力度。习近平总书记强调，用好人才，重点是科技人员，既要用事业激发其创新勇气和毅力，也要重视必要的物质激励，使他们"名利双收"。也就是说，要坚持使用和激励相结合，改革完善人才和成果评价体系，使创新贡献得到合理的价值回报，充分释放和激发各类人才的创新活力。《关于深化人才发展体制机制改革的意见》指出："赋予高校、科研院所科技成果使用、处置和收益管理自主权，除事关国防、国家安全、国家利益、重大社会公共利益外，行政主管部门不再审批或备案。允许科技成果通过协议定价、在技术市场挂牌交易、拍卖等方式转让转化。完善科研人员收入分配政策，依法赋予

---

① 《中共中央印发〈意见〉深化人才发展体制机制改革》，载《人民日报》2016年3月22日。

创新领军人才更大人财物支配权、技术路线决定权，实行以增加知识价值为导向的激励机制。完善市场评价要素贡献并按贡献分配的机制。研究制定国有企事业单位人才股权期权激励政策，对不适宜实行股权期权激励的采取其他激励措施。探索高校、科研院所担任领导职务科技人才获得现金与股权激励管理办法。完善人才奖励制度。"①此后，2016年中央全面深化改革领导小组会议审议通过了《关于实行以增加知识价值为导向分配政策的若干意见》，提出构建体现智力劳动价值的薪酬体系和收入增长机制，使科研人员收入与岗位职责、工作业绩、实际贡献紧密联系，让那些有真才实学、作出重要贡献的人才有成就感、有获得感。

---

① 《中共中央印发〈意见〉深化人才发展体制机制改革》，载《人民日报》2016年3月22日。

第八章
依靠改革加快释放创新活力

党的十九大报告指出:"深化科技体制改革,建立以企业为主体、市场为导向、产学研深度融合的技术创新体系,加强对中小企业创新的支持,促进科技成果转化。"2014年6月两院院士大会上,习近平总书记强调指出:"如果把科技创新比作我国发展的新引擎,那么改革就是点燃这个新引擎必不可少的点火系。"[①]建设创新型国家是一个系统性的变革,要坚持科技创新和体制机制创新双轮驱动,处理好政府和市场的关系,推动科技与经济社会发展紧密结合,打通从科技强到产业强、经济强、国家强的通道,以改革释放创新活力,加快建立健全国家创新体系,让一切创新源泉充分涌流。

第一节 破除体制机制障碍

创新目的是要发展生产力,改革目的是要调整生产关系,最终是要

---

① 习近平:《在中国科学院第十七次院士大会、中国工程院第十二次院士大会上的讲话》(2014年6月9日),载《人民日报》2014年6月10日。

一个真实的创新中国

提高发展的质量和效益。建设创新型国家,实施创新驱动战略,必须共同转动改革创新"两个轮子",推动经济发展动力转换、经济发展方式转变行稳致远。总结历史,习近平总书记指出:"多年来,我国一直存在着科技成果向现实生产力转化不力、不顺、不畅的痼疾,其中一个重要症结就在于科技创新链条上存在着诸多体制机制关卡,创新和转化各个环节衔接不够紧密。就像接力赛一样,第一棒跑到了,下一棒没有人接,或者接了不知道往哪儿跑。要解决这个问题,就必须深化科技体制改革,破除一切制约科技创新的思想障碍和制度藩篱。"①

一、落实创新驱动发展战略需要科技和机制创新"双轮驱动"

在科技和机制创新的"双轮驱动"中,一方面要依靠创新驱动发展,把科技创新这个"轮子"更好转动起来,加快推进以科技创新为核心的全面创新,充分发挥好创新第一动力的作用;另一方面要靠改革把体制机制创新的"轮子"也转动起来,通过改革激发创新活力,打造高效率的创新体系支撑高水平的创新型国家建设。

在构建科技创新的制度保障上,习近平总书记反复强调要破除一切束缚创新发展的观念和体制机制障碍。进入中国特色社会主义新时代,国家出台了一系列科技体制改革政策,从科技成果转移转化到科研项目经费管理,从简政放权、放管结合、优化服务到以知识价值为导向的分配政策,改革覆盖了科技创新活动的方方面面,一个个科研痛点

---

① 习近平:《在中国科学院第十七次院士大会、中国工程院第十二次院士大会上的讲话》(2014年6月9日),载《人民日报》2014年6月10日。

第八章
依靠改革加快释放创新活力

被打通,中华大地在创新中展现出勃勃生机与活力。随着谋篇布局改革的落地生根,科技创新的强大引擎全速发动起来。C919成功首飞,"蛟龙"号探寻深海,新一代高铁风驰电掣,人工智能方兴未艾……一批具有标志性意义的重大科技成果相继涌现,科技创新成果加速转化。

党的十八届三中全会,审议通过了《中共中央关于全面深化改革若干重大问题的决定》,在制定部署各领域改革方案时,我们党特别强调要深化科技体制改革。2015年3月,中共中央国务院正式下发《关于深化体制机制改革加快实施创新驱动发展战略的若干意见》,着眼于重构与科技第一生产力相适应的生产关系,把改革的范围扩大到了经济社会领域,从营造激励创新的公平竞争环境等八个方面,一共提出了30条改革意见,确立了全面深化体制机制改革的战略蓝图。为了将战略蓝图稳步地变成现实,半年之后,党中央、国务院又印发了《深化科技体制改革实施方案》,一张措施有力、脉络清晰、操作有序的施工图徐徐铺开。针对实施创新驱动发展存在的体制机制障碍,《方案》提出了10个方面、32项改革举措、143项政策点和具体办法。其中的每一项改革举措都指定了牵头部门、明确了时间节点,使改革的各项举措可落地、可检验、可督查。实施两年来,作为中央关于经济体制领域"四梁八柱"性质的综合性改革方案之一,科技体制改革的着力点从研发管理转向创新服务。截至2017年4月,《方案》中提出的到2020年要完成的任务,已完成了83项,总体完成率达到58%;其中的60项已取得阶段性成果。也就是说,时间进度走了近1/3,而任务已经完成近2/3。

人才是创新的核心因素,最大限度地激发人才队伍活力,是当前科技体制改革的一大重点。让人才无后顾之忧，让"英雄"有用武之地。必须进一步深化科技体制改革，打破束缚科技人员施展才华的条条框框。2015年8月29日，全国人大常委会表决通过了《关于修改〈中华人民共和国促进科技成果转化法〉的决定》，下放了科技成果转化处置权。2016年2月26日，国务院印发《实施〈中华人民共和国促进科技成果转化法〉若干规定》，根据收集反馈的意见对相关制度做了进一步细化。2016年4月21日，国务院印发了科技部会同18个部门制定的《促进科技成果转移转化行动方案》，以加快推动科技成果转化为现实生产力，依靠科技创新支撑稳增长、促改革、调结构、惠民生为目标指向，部署了8个方面的26项重点任务。《决定》《若干规定》和《行动方案》环环相扣、层层递进，加快破除了制约科技成果转化的体制机制障碍，为科研人员转化成果铺就便利之途。据统计，2016年，全国技术合同成交额同比增长15.97%，首次突破万亿元大关。此外，科技管理部门在权力上做减法，服务上做加法。中办、国办2016年7月联合印发的《关于进一步完善中央财政科研项目资金管理等政策的若干意见》规定，下放预算调剂权限，劳务费不设比例限制，给予科研院所更多自主权，在资金管理上放权减负。2016年11月，中办、国办印发的《关于实行以增加知识价值为导向分配政策的若干意见》明确提出，通过提高基本工资、加大绩效工资分配激励力度，允许依法依规适度兼职兼薪，提高科研人员的收入，让科研人员名利双收。

创新是资源和要素的组合。长期以来，我国在科技计划管理中存在着多头管理、政出多门、资源碎片化等突出问题，被戏称为"九龙治水""天女散花"。合理配置科技资源，成为科技体制改革必须要啃的硬骨头。2015年1月,国务院正式印发《关于深化中央财政科技计划(专项、基金等)管理改革的方案》,将原有的100多项科技计划整合为89项;政府职能也有了转变,不再去具体管项目,而是转而管宏观、管规划、管政策、管布局、管监督;打造全程嵌入式的监督管理体系,所有的申报和管理都由国家科技管理信息系统上线运行,并且可查询、可追诉;等等。通过几年改革,包括国家重点实验室评估在内的21个政府部门的86项科技工作管理职能,已按照专业属性转移到了68家全国科技类学会。

目前,我国科技体制改革的主体架构已经基本确立起来了,改革工作的重心已经从规划部署转到了全面落实。未来,要充分把握科技创新政策贯彻落实的关键节点,加快政府职能转变,增强科技人员获得感,提高科研效率,下大力气在创新政策上出实招、蹚新路、拆障碍、破坚冰。

二、科技体制改革带来全社会创新意识和创造活力空前高涨

中国特色社会主义进入新时代,党中央紧紧扭住"硬骨头"攻坚克难,坚持从科技体制改革和经济社会领域改革两个方面同步发力,改革完善国家科技创新资源配置体制机制,加快建立健全协同高效的国家创新体系。改革,正在改出国家创新力的根基,正在改出更鲜活的经济新动能。不竭动力,正如涓涓细流,汇成江河。在科技创新资源配置、科技成果转移转化等重点领域和关键环节的改革取得重要突破。

其一,科技创新资源的配置进一步优化。党中央全面部署推进中央财政科技计划(专项、基金)管理改革,构建总体布局合理、功能定

位清晰的科技计划体系，建立目标明确和绩效导向的管理制度。我国科技计划投入所取得效益总的看是相当不错的，但这些年科技计划（专项、基金等）的产出与国家发展的要求相比还远远不够，在体系布局、管理体制、运行机制、总体绩效等方面都存在一些问题，主要是顶层设计、统筹协调、分类资助方式不够完善，存在着重复、分散、封闭、低效等现象。这既是科研项目聚焦不够、做大事力量不够的原因，也导致了多头申报、重复资助、重复投入等问题。通过中央财政科技计划（专项、基金）管理改革，形成了科技部门牵头，财政、发改等相关部门参加的科技计划（专项、基金等）管理联席会议制度。政府部门不再管理具体项目，而是在公开统一的国家科技管理平台上，择优遴选7家专业机构管理科研项目，让专业的机构做专业的事。同时，还成立战略咨询和综合评审委员会，统一对科技发展战略规划和科技计划（专项、基金等）提供决策咨询，对项目评审提出指导意见，对特别重大的项目组织评审。此外，还建立了统一的评估和监管机制、动态调整和终止机制，并完善了国家科技管理信息系统，为科技计划（专项、基金等）宏观统筹和信息公开提供技术支撑，主动向社会公开信息，接受公众监督。

其二，各类创新主体协同发展不断壮大。为进一步打通科技和经济社会发展之间的通道，党中央围绕产业链部署创新链，大力推进产学研协同创新，进一步强化企业的技术创新主体地位，一批富有活力和竞争力的创新型企业迅速成长壮大，出现了沈阳新松机器人自动化股份有限公司、长城汽车股份有限公司、珠海格力电器股份有限公司、腾讯控股有限公司、中国船舶工业集团公司、金川集团股份有限公司、大唐电信科技产业集团、京东方科技集团股份有限公司等知名企业。同时，大力推进高校、科研院所、企业协同创新，促进创新成果更快转变为现实生产力。实施高等学校创新能力提升计划，构建学科、人才、科研"三位一体"创新体系。高校拥有天然的多学科优势、丰富的人才资源以及多功能特性，是科技这个第一生产力和人才这个第一资源的重要结合点，在国家创新发展中具有十分重要地位和独特作用。近年来，依托高校的优势学科群，与科研院所、行业企业、地方政府以及国际社会等建立深度合作，初步形成了协同创新的有机整体，解决了许多国家重大需求和重大科学问题。

其三，创新活力得到极大迸发。围绕体制机制的改革举措蹄疾步稳，改革与创新两个轮子一起转，培育创新沃土，让创新活力喷涌。我国针对阻碍创新发展的"堵点"，大力推行简政放权，国务院第三次大督查发现，2013年以来，国务院已分9批审议通过取消和下放行政审批事项共618项，持续向市场和社会放权，极大激发了市场活力和社会创造力。以简政放权、放管结合、优化服务为目标和原则的行政审批制度改革，已成为国务院推进全面深化改革的"先手棋"和转变政府职能的"当头炮"。

近年来，随着科研投入不断增加，科研设施与仪器的数量、价值也快速增长。与此同时，利用率和共享水平不高的问题凸显。重复购置、部门化、单位化、个人化和闲置浪费现象较严重。过去，一方面是高校院所购置的大量科研仪器设备处于闲置状态，在高墙内"睡大觉"，另一方面却是研发需求旺盛的企业却无法共享。2014年10月27日，习近平总书记在主持召开中央深化改革领导小组第六次会议时强调：

"要从健全国家创新体系、提高全社会创新能力的高度,通过深化改革和制度创新,把公共财政投资形成的国家重大科研基础设施和大型科研仪器向社会开放,让它们更好为科技创新服务、为社会服务。"[①]当月,《关于国家重大科研基础设施和大型科研仪器向社会开放的意见》发布,建立引导激励和约束机制。在引导激励机制方面,一是采取有偿服务,管理单位对外提供开放共享服务,可以按照成本补偿和非营利性原则收取服务成本费,服务收入纳入单位预算,由单位统一管理。二是对新上项目中仪器设备购置加以统筹考虑和严格控制,对利用现有仪器设备开展科研活动的项目优先支持。三是对开放效果好、用户评价高的科研设施和仪器,建立开放共享后补助管理机制。在约束机制方面,一是对不按规定公开信息、开放效果差、使用效率低的管理单位,采取网上通报、不准购置新仪器等方式约束;二是对通用性强但开放共享差的,可按规定在部门内或跨部门无偿划拨,也可内部调配。此后,开放共享好的单位得到奖励,机制畅通了,设备利用更高效,创新活动也更给力。

当前,我国经济发展进入新常态,面临"三期叠加"和跨越"中等收入陷阱"的挑战,推进我国经济实现又好又快发展,必须加快实现新旧发展动力的转换,发挥科技创新作为发展新引擎的重要作用。这就要求构建更多依靠创新驱动、发挥先发优势的引领型发展,增强高水平的创新源头供给,强化科技成果转化对供给侧结构性改革的支撑作用,依靠成果转化使产业发展"无中生有""有中生新",推动新

---

① 《习近平主持召开中央全面深化改革领导小组第六次会议强调学习贯彻党的十八届四中全会精神运用法治思维和法治方式推进改革》,载《人民日报》2014年10月28日。

技术、新产业、新业态蓬勃发展。过去，一边是科研院所的研发成果束之高阁，一边是企业苦苦寻觅新技术。2015年8月修改后的《促进科技成果转化法》，明确了科研机构、高校的科技成果处置权，允许国家设立的研究开发机构、高等院校对其持有的科技成果自主决定转让、许可或者作价投资。其后，各地纷纷出台了相关的政策，让一批"锁在柜子里"的科研成果加速转化为现实生产力。

三、以鲜明的问题导向破除制约科技创新的体制机制藩篱

习近平总书记强调："必须破除体制机制障碍，面向经济社会发展主战场，围绕产业链部署创新链，消除科技创新中的'孤岛现象'，使创新成果更快转化为现实生产力。"[1]近年来，我国在科技体制改革上取得重要突破，"十三五"时期，我们将紧紧围绕促进科技与经济社会发展的深度融合，统筹落实党和国家关于深化科技体制改革的决策部署，加强重点改革措施的实施力度，强化科技体制改革与其他领域改革的协同配合，全面提升创新治理能力和水平。

一是健全政府科技创新治理机制。要明确在科技创新领域政府和市场的各自定位，继续推动政府简政放权、放管结合、优化服务，积极营造有利于创新创业的市场和社会环境。要把立足点放在支撑国家发展全局、服务党中央重大科技决策需求上，着力做好机制设计，完善国家科技咨询决策机制，构建高水平国家科技创新智库体系。要继续

---

[1] 《习近平在参加上海代表团审议时强调当好改革开放排头兵创新发展先行者为构建开放型经济新体制探索新路》，载《人民日报》2015年3月6日。

深化中央财政科技资金管理改革,强化顶层设计,打破条块分割,加强部门功能性分工,建立具有中国特色的目标明确和绩效导向的科技计划(专项、基金等)管理体制,更加聚焦国家目标,更加符合科技创新规律,更加高效配置科技资源,更加强化科技与经济的紧密结合,最大限度激发科研人员创新热情。

二是强化企业创新主体地位和主导作用。深入实施国家技术创新工程,加快以企业为主体、市场为导向、产学研相结合的技术创新体系建设,大力支持企业提高自主创新能力,增强产业核心竞争力,加快培育世界级创新领军企业,促进科技型中小企业健康发展。依托企业、高校、科研院所建设一批国家技术创新中心,形成若干具有强大带动力的创新型城市和区域创新中心。改革完善产业技术创新战略联盟形成和运行机制,按照自愿原则和市场机制,深化产学研、上中下游、大中小企业的紧密合作。

三是建立高效研发组织体系。统筹推进世界一流大学和一流学科建设,增强原始创新能力和服务经济社会发展能力。推进科研院所分类改革,建立健全现代科研院所制度,加快建设有特色高水平科研院所,通过分类定位凝练方向、达成共识,消除各类有形、无形的藩篱,加强着彼此的深度合作与交流,克服同质化现象严重、协同性关系难以建立、科技资源极大浪费的问题。支持扩大高校和科研院所自主权。发展面向市场的新型研发机构,围绕区域性、行业性重大技术需求,形成跨区域跨行业的研发和服务网络。

四是完善科技成果转移转化机制。当前科技成果转化和技术转移体制机制不畅,企业自主创新能力不足,已成为制约创新驱动发展战略实施的重要瓶颈。为加快科技成果转移转化，促进科技与经济深度融合，党中央、国务院相继出台了系列政策措施，为推进创新驱动发展战略实施奠定了良好基础，但科技成果价值评估难、企业在科技成果转移转化中主体地位不突出、知识产权保护力度需进一步加强、科技服务市场化建设滞后等因素制约着科技成果转移转化的有效推进。为此，要全面贯彻落实《促进科技成果转化法》，实施科技成果转移转化行动，加快制定和落实相关配套制度措施，强化技术转移机制建设，加强科技成果权益管理改革，强化科技成果转化市场化服务，健全省、市、县三级科技成果转化工作网络。

五是健全军民深度融合创新机制。贯彻落实军民融合发展战略的部署要求，大力推进军民融合科技创新，推动军民科技资源共享、军民两用技术研发和转移转化，构建全要素、多领域、高效益军民科技创新深度融合新格局。

第二节 营造有利于创新的政策环境和制度环境

创新离不开浓厚的社会氛围。让创新贯穿党和国家一切工作，必须营造崇尚创新、尊重人才的良好环境。习近平总书记指出，当务之急是要健全激励机制、完善政策环境，从物质和精神两个方面激发科技创新的积极性和主动性。要在全社会倡导敢为人先、勇于冒尖的创新精神，形成生动、活跃的创新氛围，使蕴藏在亿万人民中间的创新智慧充分释放、创新源泉充分涌流、创新力量充分迸发。

一个真实的创新中国

一、以开放包容心态弘扬创新文化，让具有创新精神的人才脱颖而出

激发社会创新活力、提高国家创新体系效率，基础在于培育形成崇尚创新、革故鼎新、守正出新和敢为天下先的价值导向和文化氛围。要在创新方面使我国真正实现从跟随者向引领者转变，还必须培育浓厚的创新文化。习近平总书记在党的十九大报告中强调，要"倡导创新文化，强化知识产权创造、保护、运用"。"激发和保护企业家精神，鼓励更多社会主体投身创新创业。建设知识型、技能型、创新型劳动者大军，弘扬劳模精神和工匠精神，营造劳动光荣的社会风尚和精益求精的敬业风气。"

创新文化包括两种，一种是与创新有关的价值观、态度、信念等观念层面的，另一种是有助于创新的制度、规范等制度层面的。从观念层面的创新文化培育看，要进一步解放思想，处理好中华传统文化与创新文化的关系。现代社会需要的观念层面的创新文化包括以创新为荣的价值观、冷静理性的批判精神、开放协作的竞争观、不畏失败的进取意识和允许失败的宽容精神等。中华优秀传统文化中不乏进取精神，我们应弘扬有利于激发创新的优秀传统文化，改造抑制创新的传统文化，加快培育适合我国国情的现代创新文化，既要重视成功，更要宽容失败，为人才发挥作用、施展才华提供更加广阔的天地，让具有创新精神的人才脱颖而出。从制度层面的创新文化培育看，关键是让制度建设与创新实践相互促进、相得益彰。只有通过制度建设加快形成有利于创新的市场环境和体制机制，为创新活动提供充分的保障，

才能让创新人才和创新成果得到应有的重视、发挥应有的价值，在全社会形成创新示范效应。

要牢固树立敢为天下先的志向和信心，走前人没有走过的路，敢于质疑现有理论，不断在攻坚克难中追求卓越。要进一步强化尊重劳动、尊重知识、尊重人才、尊重创造的价值导向，加强科研诚信和学术道德建设，建立健全知识产权保护工作机制，依法打击各类侵权行为，为科技创新营造公平诚信的市场环境。要紧跟全球科技发展方向，努力赶超，力争缩小关键领域差距，形成比较优势。

二、树立科学创新执政理念，持续提升国家研发强度和企业创新能力

伟大的物理学家阿尔伯特·爱因斯坦曾经说过："创新不是由逻辑思维带来的，尽管最后的产物有赖于一个符合逻辑的结构。"这就告诉我们，创新不是单纯理性思维的逻辑结果，而是事关实实在在创新环境的生态系统工程。长期以来，我国的创新能力受到多种因素的制约而发展不足，其中很重要的一个原因便是创新观念的薄弱。因此，在建设创新型国家的今天，优先要解决的就是创新观念不足的问题。必须在"敢创新""能创新""善创新"上形成突破，树立全主体全方位创新的观念。通过强化创新观念的重要性，在观念与认识上形成自觉创新的主导精神和思维模式，为创新提供永不枯竭的动力和源泉。对此，为激发创新活力，激励创新行为，政府需要发挥政治敏锐力，树立科学创新执政理念，勇于营造有利于创新的制度环境，并确保国家研发创新的稳定性和可持续性。

在当今世界，从研发强度与国家综合创新能力关系看，绝大多数综合创新能力较强的国家，都具有较高的研发强度和企业创新能力。近年来，我国整体研发投入增速较快，但与欧美那些典型的创新型国家相比，仍存在较大差距。研究与试验发展（R&D）经费占GDP比重作为衡量经济发展方式转变和创新驱动的重要指标，我国2015年为2.1%，没有实现"十二五"期间达到2.2%的目标。这表明我国整体科技投入和经济发展规模不匹配。而"十三五"要实现国家中长期科技发展规划纲要（2006—2020年）确定的2.5%的目标任重道远，需要增强社会各方面的投入。为此，应持续加大国家研发投入，稳步提高研发强度，以此作为确保国家创新能力提升的逻辑前提。政府在加大对国有大型支柱企业研发投入的同时，还应建立完善以高端创新型企业为主导的国家研发体系，并适当降低企业税率和加大创新企业税收减免力度，走研发内涵式发展道路，不断提升企业创新能力。

三、遵循创新创业人才成长规律，全面深化高等教育体制改革

人才是创新最具活力的资源，培养创新人才是建设创新型国家的百年大计。对一个国家来说，创新人才培养结构和质量在很大程度上取决于一个国家高等教育体制的卓越性和合理性。从世界杰出创新人才成长规律看，世界杰出创新人才有一个共同的特点，那就是他们都曾就读于世界一流大学。在表面上看，一个国家拥有世界一流大学数量不能与该国家创新能力之强弱画等号，不一定存在绝对的逻辑等同，

但据统计,世界一流大学的密集度(以单位人口计算)与国家创新能力之间存在较强的正相关性。瑞士居世界创新能力之首,也是世界500强大学最密集的国家。其他如丹麦、瑞典、芬兰、美国、英国等世界公认创新能力较强国家,都具有密集度较大的世界一流大学。尽快破解我国世界一流大学建设难题,努力为杰出创新人才培养提供良好环境,是有效提升国家创新能力的关键。

再从世界成功创业者和成功就业者两类人才的成长规律看,一般说来,成功创业者在接受教育过程中,往往对广域创新创业技能和能力表现出高度敏感性;而成功就业者则更注重专业领域教育。主要得益于其学术型和应用型并置的双元制高等教育体系,瑞士、芬兰、德国、荷兰、丹麦等创新能力强的欧洲国家,在人才结构上均具有较大比例的创业人才,这为潜在创业者提供了广域教育环境和制度保障。

在我国,由于日趋严重的"学术漂移"现象,造成社会对学术型人才过分追捧,带来了"社会积累知识越多,社会创新性就越强"的逻辑认识误区。美国前副总统拜登在美国大学的一次演讲中,曾尖锐地指出:中国培养了大量科学家和工程师,却没有创新者。为此,建设创新型国家,必须以党的十八届三中全会关于"深化教育领域综合改革"为契机,加强新型高等教育体制的顶层设计和科学谋划。一是要加快推进顶层精英研究型大学建设,在世界一流大学建设进程中取得新突破,建成这样的大学,才能为国家杰出创新人才培养和取得重大原创性基础研究成果提供必备条件。二是以当前地方高校转型发展为契机,积极构建双元制高等教育体系,升格、分离和创建一批具有学士和硕士学位授予权的高层次应用型大学。对于这些高层次应用型大学,在招生、学位、升学等方面要赋予与学术型大学同等的地位和权责，为高层次创新创业型人才培养提供充分空间和体制保障。采取双元制高等教育体系结构，有利于实现高等院校分类指导和分层管理，更有利于高等教育体制与产业经济结构协调发展，能够有效激发全社会创新创业活力。

四、开放国际人才市场，加大海外高层次研发创新人才引进力度

依据国际人才市场的"鲇鱼效应"，当一个国家拥有的国外高层次人才达到一定数量时，这个国家的创新优势就会显现出来并不断增强。大量典型创新型国家发展经验证实了这一规律。耶鲁大学经济学家珍妮佛·亨特研究发现，大学中移民毕业生数量每增加1%，人均申请专利量就能够增加9%至18%，本科以上高科技移民在相同条件下注册专利量是本土公民的2倍。因此，通常高学历青年移民能够创造高附加经济价值。从欧美创新能力较强国家看，一般来说都具有较高的国际研发人员影响因子。这一方面表明，欧美典型创新型国家所引进的国际研发人才的层次和水平都比较高；另一方面也表明，国家创新能力与国际高水平研发人才的引进呈正向相关。

据世界经济论坛发布的《2013—2014年度全球竞争力报告》数据显示，我国人才留守和吸纳能力分别位居全球第31位和第26位。而另据经合组织（OECD）《2013年主要科技指标》显示，在选取的36个比较国家中，我国海外科研人员引进数量居全球第5位，数量不算少，但引进科研人员的影响度则居全球第30位，质量不高。这表明我国并未从根本上解决"人才外流"问题,并且引进国外科技人才层次和水平较低,这已成为制约我国创新能力提升的重要因素。因此,加大海外高层次创新人才引进和回流力度,这一方面需要国家政策的顶层设计和激励,另一方面又需要在体制和实践上为海外高层次人才引进创造良好的社会保障体系,不断拓展海外高层次创新人才和高技术移民市场,最大限度调动海外高层次创新人才的创新创业的积极性、主动性和创造性,提高国家创新能力。

五、推进研发协同平台建设,不断提升国家和区域协同创新能力

经验表明,加强研发协同平台建设,是解决国家和国际重大技术攻关难题的最有效方式,也是世界各国创新能力提升的主要指标和客观选择。特别是从国际角度看,高引科研论文比一般科研论文更加具有协同性。统计显示,瑞士、瑞典、丹麦、荷兰、英国、爱尔兰、卢森堡、冰岛等创新能力较强的国家,都具有较高比例的国际科研合作论文。经合组织《2013年主要科技指标》报告显示,进入世界前10%的高引科研论文占本国科研论文比重和这个国家的创新能力存在比较高的一致性。除此之外,单位人口跨部门合作论文量与国家创新能力也存在一定正相关性。据统计,创新能力比较高的欧洲国家,其每百万人口公共部门和私营部门合作论文量同样也非常高。因此,加强国际科研合作和跨部门科研合作,是提升国家创新能力的重要途径。

"2011计划"实施以来,我国产学研协同创新平台建设的力度有了明显增强,但与欧美典型创新型国家相比,在国际研发协同和区域

研发协同上都存在比较大的差距。经合组织发布的《科技与产业记分牌（2013）》统计了美国等40个世界主要国家的科研论文，结果显示我国国际合作科研论文比重倒数第一，国际合作发明比重倒数第四；虽然科研论文的总数量占第二位，但科研论文相对影响因子却排在了倒数第二，国际科研合作广度倒数第一；能够进入世界前10%的高引论文占本国科研论文总量比例居倒数第三，仅比巴西和波兰高一些。

为此，全面提升研发协同创新能力，应继续大力推进"2011计划"的实施，积极创建世界一流的研发协同基础设施，不断完善研发协同平台的运行机制和政策制度，为研发协同提供宽松的国际科研协同创新环境，提升我国国际科研合作的"硬环境"和"软环境"的吸引力。应吸引具有国际声誉的教授、学者，联合开展国家高水平科研项目合作，促进高校卓越协同研发联盟建设，使其成为全球科学网络的核心研发基地，为建设创新型国家奠定坚实基础。

第三节 完善科技评价体系

从科技体系建设入手，不断完善科技评价工作，既是加快建设创新型国家的一项重要任务，也是转变政府管理方式的重要举措。

一、正确认识科技评价的内涵与功能

科技评价作为对科技活动所产生的效果和影响的认识过程，对于激

励和引导科技创新、改进政府对科技的管理和提高公共资源的使用绩效,具有十分重要的作用。

我国的科技评价活动可以分为三类。第一类是由政府部门围绕公共科技资源的优化配置而展开的,这是科技评价活动的最主要的层面。20世纪90年代中期,随着市场经济体制不断完善,特别是加入WTO之后,建立和健全评估体系是市场经济发展的迫切要求。原国家科委提出通过第三方独立评估机构对政府资助的科技计划、项目等开展评估,以满足政府部门内部管理决策的需要,并改善和提高公共研发活动的效率和质量。即由科技评估中介机构(评估者)根据委托者的明确目的,应用科学、可行的方法对科技计划及项目管理有关的行为进行专业化咨询和评判活动,主要评估科技计划的执行情况与运营绩效,科技项目的前期立项、中期实施、后期效果,及其他与科技工作有关的活动。近些年科技部还组织开展了一系列科技计划、项目、机构、政策等评估活动,为促进科技资源的优化配置、改进政府对科技创新工作的管理方式、提高科技管理水平发挥了十分重要的作用。在政府部门的评价之外,中国科学院和国家自然科学基金委员会,也都开展了与自身管理相关的评价活动。第二类是由高等院校和科研机构围绕本单位科技资源的优化配置和取得的科技创新成果开展的学术评价活动,这是科技评价活动最为常见和普遍的一种形式。这类评价活动的评价内容主要包括科技工作的发展方向、机构设置、课题分配、成果水平、晋升职称等,评价目的是繁荣本单位学术空气、鼓励科技工作者踊跃开展、推动本单位研究领域的科技创新、激励科技人才成长,同时也为科研机构内部管理服务。第三类是面向国家重大科技战略决策和公共科技资源使用绩效展开的。这类评价在国外通常由国会组织开展，由独立的"第三方"进行评估。我国刚刚开始探索和试点。

二、准确把握科技评价工作中的主要问题

近年来，我国在科技评价方面进行了积极探索，在实践中也积累不少的经验，但客观上来讲，还存在评价制度不健全、评价体系不完善、评价方法不规范等问题。

一是科技评价制度体系不健全，刚性约束不足。为了规范对科技工作的评价，相关政府职能部门发布了许多有关科技评价的管理文件，但由于缺少制度化的安排，一些规定过于原则笼统，对于什么时间评价、评价什么、由谁评价、怎样评价，以及评价结果的应用和报告等方面，还缺乏刚性约束，随意性较大，导致文件的执行力和评价的效果并不理想。特别是在评价体系中缺乏事后评估和严厉的监督、惩戒机制，造假者可以胆大妄为地弄虚作假。例如，上海交大陈进"汉芯事件"，诈骗了国家上亿元的科研资金，其本人未受到法律追究，而且整个事件未见有负责、公开的反思、检讨和教训总结。2007年修订的《中华人民共和国科学技术进步法》第八条提出，"国家建立和完善有利于自主创新的科学技术评价制度。科学技术评价制度应当根据不同科学技术活动的特点，按照公平、公正、公开的原则，实行分类评价"，对科技评价的法律地位作出了明确，但要想使这部法律真正落到实处，还需要进一步制定完善相应的实施条例和细则。

二是科技评价组织体系不完善，评价主体较为单一。在目前的三类

第八章
依靠改革加快释放创新活力

科技评价活动中，多以政府或单位行政部门为主导，虽然有第三方独立评价机构的参与，但多元化评价主体还没有真正形成，因此，评价活动还不能全面系统地反映与之相关的社会组织及利益群体的诉求，也难以充分发挥市场在公共资源配置中的决定性作用。一般说来，在政府组织的科技评价中，所聘请的专家大都是以个人身份出现的，未能充分发挥出科学共同体的优势。而科研机构和少数大企业开展的科技评价活动，也仅仅局限于为本单位内部服务。也就是说，行业组织在科技评价中还没有承担起相应的职能和作用，尚未发挥出应有的功能。对于社会公众来说，参与科技评价的范围和机会更是微乎其微，对公共研发活动的知情权和监督作用还十分有限。

三是科技评价操作体系不规范，存在一些导向上的误区。比如，片面追求"打分排名""评比评优"，采用一些脱离实际的量化指标，导致评价"过度"，使被评价对象片面追求业绩；评价结果与科技人员的工资、职称、住房直接挂钩过多，在这样一种"指挥棒"的引导下，科技人员在科研活动中容易产生急功近利思想，无论是单位抑或是个人都会不遗余力地花费大量时间和精力，甚至不择手段地追逐奖项，背离了科技奖励制度鼓励研究和创新的设立初衷，甚至直接诱发一些科研不端行为和学术腐败问题；评价指标盲目套用，简单量化，不注意区分科技工作的类别，在量化时过分注重科技人员发表论文的数量和刊物级别，而不去考虑科研成果的质量和成果转化对社会带来的贡献；行政部门对评价的不当介入过多，使科技评价活动增加了一些主观因素，降低了评价活动的客观性和公正性。上述错误做法不是激发了科研工作者的创新热情，而是反过来加剧了科研与应用脱节，导致科技人员和科研机构关心获奖胜于关心应用，难以潜心研究出真正有价值的科研成果，不利于充分发挥科学技术对经济社会发展的支撑作用。而且科技奖励附带过多的荣誉和物质利益，造成学术不端和造假行为愈演愈烈。

三、从体系建设入手，加强完善我国科技评价工作

在建设科技评价体系的过程中，一方面要不断规范技术操作体系，另一方面更要注重完善科技评价的组织运行体系和制度保障体系，只有在技术层面和制度层面双向发力，才能逐步解决科技评价工作中的基础性和根本性问题。

一是构建科技评价体系的基本架构。科技评价是一个体系化的工程，可以分别从微观、中观和宏观三个层面来建构。微观层面的建构目标是建立健全规范化的操作体系，以从技术操作层面解决评价的具体应用方面的问题，包括如何按照不同的目的和对象，分门别类地建立科技评价的标准、规范、方法、程序、专家库和数据库等等。应该说，目前我们在这个层面上已经积累了不少好的经验和做法，但总的看，标准化和系统化也还做得不够细致，仍需要在评价的信息库、标准库和知识库上多下功夫。中观层面的建构目标是建立健全多元化组织体系，以解决评价活动如何组织运行的问题，包括明确由谁来组织评价、如何组织评价以及对评价结果如何利用等等。现在的重点是要逐步改变以政府为主的单一组织模式，让各个科学共同体、企业以及其他社会组织以及公众更多更好地参与进来，并根据各自不同的功能职责和

角色定位，单独或联合开展科技评价活动。宏观层面的建构目标是建立健全制度化保障体系，以解决科技评价的法律制度问题，加快形成法律法规保障机制等。除了政府职能部门从自身管理角度出发作出的制度安排外，也应借鉴国外一些好的做法，建立各级人大对科技战略规划、重大计划项目的绩效检查和监测评估制度。

二是充分发挥多元主体在科技评价中的综合作用。在不同类的科技评价活动中，不同的评价主体担负的职责不同，评价的内容和方式也各不相同。政府职能部门的主要任务是组织研究并发布科技评价的政策方针和评价指南，作为各项评价活动的基本遵循和依据；委托评价机构和专家按照政府职能部门的委托和安排，独立评价科技规划计划、重大专项和创新政策等，发挥专业功能；推动建立科技评价行业协会，将协会纳入政府相应职能部门的归口指导，建立科技评价的规范标准，并对协会内的专业评价机构进行认定、考核和监督等。在评价活动中，要充分发挥科学共同体人才荟萃、专业集中的专业优势，在成果鉴定、职称评定、院士遴选、人才举荐、科技奖励评价等方面突显其专业特长，并让专业同行评价科研成果的转化及其效益。让企业和行业组织积极参与到公共研发活动的评价中来，发挥其贴近市场、贴近实际的优势，大力鼓励社会公众参与到科技评价活动中来，以体现社会公众的知情权、表达权和监督权。

三是加强科技评价体系建设。要尽快制定完善与《中华人民共和国科学技术进步法》配套的科技评价实施条例和实施细则，明确评价的时间周期、内容范围、责任主体、实施方法、结果应用等具体事项，据此对科技重大战略决策和重大科技政策进行定期评估和督促落实。

要增强政府科技评价的职能,让政府职能部门的履职具体化、独立化,从决策、执行和评估功能相对分开的要求出发,在其内部建立评价管理机构。要积极发挥科学共同体和其他社会组织在科技评价中的作用,可以采取政府职能转移、购买公共服务等方式,构建起多元化的评价主体。要加强科技评价结果的公开透明和转化应用,促进科技评价在阳光下运行,使评价活动更加科学、客观、公正。同时,建立和完善事后评估、复议机制,加强惩戒法律制度建设,对奖励中的问题或疑问可随时进行举报,并重新进行评估和检验,对于那些弄虚作假、造成重大经济损失的责任单位和责任人,进行严厉处罚。

后 记

  实现"两个一百年"奋斗目标、实现中华民族伟大复兴的中国梦，不断提高人民生活水平，必须坚定不移把发展作为党执政兴国的第一要务。当前，国内外形势正在发生深刻复杂变化，我国发展仍处于重要战略机遇期，前景十分光明，挑战也十分严峻。着眼紧紧抓住并切实用好我国发展的重要战略机遇期，在中国特色社会主义新时代，以习近平同志为核心的党中央坚持发展是硬道理的战略思想，牢固树立创新发展理念，大力推动科学发展，不断夯实实现中国梦的物质文化基础，并特别强调要把创新摆在国家发展全局的核心位置，坚定不移贯彻科教兴国战略、人才强国战略和创新驱动发展战略，坚定不移走科技强国之路。为深入理解把握习近平新时代中国特色社会主义思想中关于创新的新思想、新观点、新论断，本书紧紧围绕习近平总书记关于创新的重要论述，集中阐述了创新的科学内涵、精神实质和实践要求，供党员干部学习使用。

  囿于时间仓促和作者理论水平有限，本书难免存在疏漏之处，敬请读者批评指正。